U1070865

通往媒介融合之路：
数字化时代的传播变革、创新与治理

Access to Media Convergence:
Communication Transformation, Innovation, and Governance in the Digital Era

苏 衡 著

華東理工大學出版社
EAST CHINA UNIVERSITY OF SCIENCE AND TECHNOLOGY PRESS
·上海·

图书在版编目(CIP)数据

通往媒介融合之路：数字化时代的传播变革、创新与治理 / 苏衡著. —上海：华东理工大学出版社，2024.3

ISBN 978-7-5628-7281-8

Ⅰ. ①通… Ⅱ. ①苏… Ⅲ. ①传播媒介—研究 Ⅳ. ①G206.2

中国国家版本馆 CIP 数据核字(2023)第 174605 号

项目统筹 / 左金萍
责任编辑 / 左金萍
责任校对 / 张 云
装帧设计 / 徐 蓉
出版发行 / 华东理工大学出版社有限公司
地址：上海市梅陇路 130 号，200237
电话：021-64250306
网址：www.ecustpress.cn
邮箱：zongbianban@ecustpress.cn
印 刷 / 上海新华印刷有限公司
开 本 / 787 mm×1092 mm 1/16
印 张 / 10.25
字 数 / 175 千字
版 次 / 2024 年 3 月第 1 版
印 次 / 2024 年 3 月第 1 次
定 价 / 78.00 元

版权所有 侵权必究

前言
FOREWORD

媒介融合从20世纪90年代开始，已经历三十余载。我有幸目睹了广播、电视、网络到智能手机、iPad、电脑、Google智能眼镜等这些媒介加速度地更新换代。在不久的将来，一些不可预知的新兴媒介还将脱颖而出。这些新旧媒介融合起来所释放出的能力何其巨大，使得全球传媒产业争先恐后地投入其中，为之革面。正如加拿大著名的传播学者麦克卢汉早在《理解媒介——论人的延伸》一书中所言，媒介的变化会带来事物发展尺度、规模、程度的变化。媒介融合为传媒产业带来了两个颠覆。其一，媒介融合颠覆了媒介信息内容生产传播的方式，它代表着一种新的生产力——通过一种全新的数字架构形式运行社会公共服务机构的社会职能，参与公众社会生活和社会交往。其二，媒介融合颠覆了媒体与大众的关系，是一场孕育传媒生产传播关系的革命浪潮。媒介融合创建了基于价值共创的新型传媒关系，实现了不同媒体之间、媒体与其他产业、媒体与公众、公众与社会、私人与公共等多重关系的重组和再塑。

直至今天，媒介融合这场传媒革命浪潮依然强劲。媒介融合的治理问题开始提上议程。正因如此，本书主要包含了理解媒介融合、传媒变革、创新与治理这样的结构框架和相应的内容。

首先，媒体数字化转型、媒介融合、价值共创是本书中提到的三个最核心的概念。它们对于理解当代媒介内容信息数字化生产传播与传媒发展具有特殊的意义。从技术的维度来看，互联网通信技术、多媒体技术、大数据以及人工智能技术加速度的更新迭代和在传播领域的应用推广是数字化转型的前提，是传播形态、传播方式和传播模式不断发生变革和创新的重要驱动力。从传媒组织结构和产业关系的维度来看，媒体数字化转型和融合发展催生媒体组织自上而下、由内而外进行大刀阔斧的变革和创新。从传媒生产和消费的关系维度来看，媒体数字化转型和媒介融合也带来了内容信息的生产主体、传播主体、消费主体的关系、结构和规模的变化和价值共创。

其次，本书围绕两个“颠覆”，深入观察和探讨中西方一些代表性的传媒组织机构为实现媒介融合的目标而进行的传媒变革、创新，从而实现传媒产业向新的生产力和生产关系的转变。媒介融合已然成为传媒组织机构的必然发展模式。那么，传媒组织的媒介融合发展到底经历了怎样的过程？传媒机构践行媒介融合的逻辑何在？媒介融合的先行者如何引领传媒产业生产力与生产关系的变革和创新？媒介融合发展过程中诱发的问题又该如何治理？本书考察、记录和分析研究了我国和美国的媒体先行者的数字化转型和媒介融合发展，美国的《纽约时报》《华盛顿邮报》，我国的新华社、《人民日报》、央视新闻都是典型的代表。本书力求通过分析一系列鲜活的案例，或提供一些思路或观点，找到以上问题的答案。但愿传媒先行者的光芒能照亮其他传播组织和传媒机构媒体融合的前行之路。期望书中阐发的理论和观点能起到抛砖引玉的作用，有益于正在和即将从事媒介融合研究的读者。

最后，本书探讨了媒介融合中的新媒体数字化治理。国内外媒体数字化转型和媒体融合的发展历程表明，变革和创新从来不是一帆风顺、一蹴而就的。变革创新的道路上，不可避免地可能会出现各种问题。本书对算法可能造成的公共领域问题进行了分析并提出了治理举措。

本书是在我的博士论文基础上修改而成的。借此机会，我要首先感谢我的博士生导师严三九教授在媒介融合学术研究上一路对我的引领和鼓励！参加“传统媒体与新媒体融合发展研究”重大国家社会科学基金项目和开展地方媒体的媒介融合调研等，如此多次的历练让我受益良多。我还要衷心感谢我的博士论文答辩主席复旦大学新闻学院的陈建云教授和评审专家朱春阳教授，华东师范大学传播学院的武志勇教授、陈虹教授和刘秀梅教授，上海大学的杨海军教授！感谢他们给予我的肯定并提出了建设性的宝贵建议！感谢美国密苏里大学新闻学院让我领悟了在“做中学”的媒介融合教育艺术。在各种形式的媒介融合专题会议上和考察活动中，来自国内外各高校的专家学者们的真知灼见、思想争鸣无疑也是丰富本书思想的源泉。为此，我理应向所有认识的、不认识的专家学者表示感谢！

本书的修改增补工作历时半年。在此期间，左金萍编辑总是耐心细致地解答我的咨询。在处理本书的审稿、定稿、校样、设计一系列事务中，编辑团队表现出的精湛的专业能力、求真务实和精益求精的工作风格令我由衷敬佩！衷心感谢为本书出版而辛勤付出的所有编辑！

最后，我要感谢我所在的高校上海工程技术大学对教师开展科研的鼓励和支持！它增添了我撰写本书的决心和未来继续走学术之路的信心。

本书虽经反复修改，仍有可能出现内容上的纰漏或瑕疵，还请读者专家不吝赐教！我当感激不尽并努力改进。

苏衡

2024 年 3 月 5 日于郊野绿园

目录
CONTENTS

第一章

绪 论

伴随互联网技术、通信技术、大数据、人工智能等数字技术的飞速发展，全球范围的传媒业正在发生颠覆性变化。传播技术的快速迭代推动了传播方式、传播渠道、传播内容、传受关系、传播权利和权力等发生显著的改变，进而引发了传媒生产方式、经营方式、组织结构、传播规制以及传媒产业结构等全方位的变化。在这场不断深入的媒介融合发展浪潮中，“变革”和“创新”是媒体融合的核心内容和重要推手，并得到传播学界和传媒业界的高度重视。媒介技术对于媒介融合意味着什么？媒介融合对于媒体组织和传播者、传播受众究竟意味着什么？媒介融合将如何助力媒体发展？这些都是值得我们深入探讨的问题。

第一节 研 究 缘 起

自从 20 世纪 90 年代互联网技术广泛应用以来，无论是在发展中国家还是在发达国家，传统媒体都普遍面临生存和发展的困难和挑战。这些困难和挑战有些归结于传统媒体自身先天的不足，有些则来自新媒体的冲击。一些传统媒体通过数字化转型发展成为新媒体，另外一些传统媒体走上与新媒体协同发展的道路[①]。媒体创新成为媒体数字化转型和融合发展的重要手段，也是媒体与消费者价值共创的强大驱动力。

① 曾祥敏，曹楚. 专业媒体新闻内容生产创新实践——用户生产与专业生产深度融合的路径研究[J]. 现代传播(中国传媒大学学报)，2015，37(11)：34 - 41.

一、新兴媒体的壮大对传统媒体形成挑战

在新技术新思维的驱动下，新兴媒体蓬勃发展。全球范围内新兴网络媒体，如国内的新浪、网易、百度等新闻网站，今日头条、澎湃新闻、封面新闻等移动客户端应用以及微博、微信、QQ 等社交媒体，国外的 Hulu、Bloomberg TV、Netflix、YouTube 等新兴视频网站以及 BuzzFeed、Twitter、Facebook、Cyberspace、Instagram 等社交媒体，如雨后春笋般地发展壮大，它们正在逐步瓜分传统媒体的地盘，扩张产业疆界，对传统媒体形成严峻挑战。

二、受众流失和广告下滑导致传统媒体的经营危机

面对新技术新媒体的挑战，传统媒体产业普遍陷入经营困难，在与新兴媒体的竞争中遭遇"滑铁卢"，传统报纸、广播、电视无一例外地处在受众大量流失、市场份额大幅缩水、订阅发行和广告收入锐减的不良境况之下。在 20 世纪 90 年代，互联网的应用在美国逐渐普及，1993—1997 年，网站的数量由 150 个猛增至 245 万个，美国成年人上网人数占比超过 40%，1999 年网络广告支出费用为 28 亿美元，相当于所有媒体总支出的 1.3%[①]。与此同时，美国的传统报纸、广播、电视开始显示出经营下滑的迹象。2012 年美国三大广播电视公司在各时段的收视率显著下降[②]。2012 年 12 月 7 日，《德国金融时报》因不堪新媒体的冲击入不敷出，被迫停刊。在传媒业发达的美国，2013 年曾经在华盛顿市场拥有统治地位，在 20 世纪 90 年代每年利润超过 1.2 亿美元的《华盛顿邮报》遭遇亏损，亏损额超过 4 000 万美元，不得不被贝索斯收购[③]。皮尤研究中心报告显示，2013 年《纽约时报》的总营收从 2000 年的 36 亿美元陡降到 16 亿美元，营运利润由 6.35 亿美元锐减到 1.58 亿美元[④]，市值仅为 20 亿美元，回落到 20 世纪 80 年代中期的水平。而一家互联网公司 Naspers 2013 年的股价市值比 1994 年超出 99 倍，相当于 440 亿美元[⑤]。由于传统媒体受自身旧有观念、模式和体制的束缚，其在传媒生产经营、传媒组织

① Pablo Boczkowski. Digitizing the News: Innovation in Online Newspapers[M]. Cambridge, MA: MIT Press, 2004.

② 新浪传媒. 2012 美国三大广播电视公司收视率降低[EB/OL]. (2013-03-29)[2023-01-21]. http://news.sina.com.cn/m/2013-03-29/112826679696.shtml.

③ 杜晟烨. 新闻的坏消息：数字时代的美国平媒如何生存？[EB/OL]. (2014-10-20)[2023-12-01]. https://www.prnasia.com/blog/archives/10043.

④ 腾讯科技. 看一家互联网公司 Naspers 如何击败纽约时报[EB/OL]. (2014-05-23)[2023-12-01]. https://www.techweb.com.cn/ucweb/news/id/2039626.

⑤ 腾讯科技. 看一家互联网公司 Naspers 如何击败纽约时报[EB/OL]. (2014-05-23)[2023-01-24]. http://www.techweb.com.cn/column/2014-05-23/2039626.shtml.

机构、资源配置等的全方位重组重构过程中面临重重阻力。尽管各国传统媒体的情形不尽相同,但生产经营面临困难是相同的,只是在时间先后和困难程度上有所差异。总体上来看,传统媒体亟须转型发展,在推行媒体融合的同时关注消费者体验的提升、关注媒体和消费者价值共创已成为世界大多数传媒的共同发展趋势。

三、数字化转型和媒体融合成为传媒发展主流

有研究表明,以美国为首的传媒业发达国家和地区,媒体的数字化转型和媒体融合早在 20 世纪 60 年媒体产业化完成后就已经开始,2009 年,美国的媒体组织和新闻机构比较成功地实现了整体数字化转型,媒体融合格局基本形成。传媒组织的融合发展已趋常态化,而且较为稳健有序。美国媒体融合先后经历了技术融合、内容融合、市场融合、服务融合、管制融合的进程①,并快速进入传媒产业与电信产业、信息技术产业和电子产业融合的大媒体融合发展的阶段。作为走在世界传媒前列的媒体融合标杆,《纽约时报》、《华盛顿邮报》、美国有线电视新闻网(CNN)、美国哥伦比亚广播公司(CBS)等一些跨越百年的美国传统媒体,在媒体融合中实现了凤凰涅槃和再度崛起。究其原因,除了与美国传媒长久以来形成的成熟、灵活、有序的商业化、专业化、产业化运作机制有关之外,还与这些美国媒体和新闻机构富于创新和变革精神有重要关系。尤其是自 20 世纪 90 年代以来,美国媒体和传媒组织在其所处的特定国际和国内环境中,做到了与时俱进、顺势而为。

在我国的媒体融合初期,传媒内部的产业融合处在磨合阶段。媒体融合同时受到媒体产业化和数字化转型两股浪潮的冲击,随着 2014 年《关于推动传统媒体和新兴媒体融合发展的指导意见》的出台,在"强化互联网思维,坚持传统媒体和新兴媒体优势互补、一体发展,坚持先进技术为支撑、内容建设为根本,推动传统媒体和新兴媒体在内容、渠道、平台、经营、管理等方面的深度融合"②等中央政策精神的指引下,传统媒体与新兴媒体的融合发展上升到国家战略发展层面,我国媒体融合的步伐得以加快。近年来,随着移动互联网技术和大数据技术、人工智能技术在传媒界的推广应用,以《人民日报》为首的省、市级报业集团的"中央厨房"工程基本打造成形并进入功能应用完善阶段,标志着我国媒体数字化转型和媒体融合迈上新台阶。2019 年 1 月 25 日,习近平总书记提出推动媒体融合发展,要坚持一体化发展方向,通过流程优化、平台再造,实现各种媒介资源、生产要素有

① 毛震. 湖南广电媒体融合的平台化发展研究[D]. 长沙:湖南大学,2017.

② 盛浣菲. 传统媒体的转型发展之路——媒体融合探析[J]. 中国传媒科技,2017(12):25-27.

效整合，实现信息内容、技术应用、平台终端、管理手段共融互通，催化融合质变，放大一体效能，打造一批具有强大影响力、竞争力的新型主流媒体。这为我国的媒体融合指明了发展方向和实践路径。

四、媒体与消费者价值共创成为媒体融合的新着眼点

国内外传媒组织机构在经历了将近25年的媒体融合实践和探索后，其生产经营理念和价值创造方式发生了显著变化。变化之一是以媒体组织机构内部逐步破除层级壁垒为开端，媒体各部门之间在平等对话、交流、协作中逐步走向融合，媒体各部门作为价值创造主体进行资源共享、互动合作，进而共创价值，这种价值创造方式日益成为现代传媒组织生产经营的常态。变化之二是媒体价值共创主体的构成在近年来发生了新的变化。许多媒介消费者也开始参与到媒体的日常生产经营活动中，与媒体频繁互动合作、互利互惠，进而共创价值——在为媒体创造经济价值和社会价值的同时，也为自己创造价值。笔者在美国密苏里大学新闻学院访学期间通过访谈和实地考察发现，这种媒体与媒介消费者共创价值的方式在美国媒体日常运作中较为普遍。我国也有相当多的媒体与媒介消费者互动合作，共创价值。媒体与消费者价值共创是当前数字化网络时代传媒生态发展变化的产物，它日益成为媒体与消费者在互联网环境下共同释放价值创造潜能的重要方式。由于它是近年来媒体融合在向纵深方向演进发展中涌现出来的新事物、新现象，也不可避免出现一些新问题。媒体与消费者价值共创这种新型的生产经营方式和价值创造方式对于落实媒体数字化发展战略和积累媒体未来竞争优势意义重大，作为媒体深度融合必须攻克的新课题，值得传媒产业界和学术界高度重视。

第二节　核心概念与基本理论思想阐释

本书涉及两个核心概念，一个是“Media Convergence”，在中文译法和概念理解上，国内学者看法不一；另一个是“价值共创”。本节拟对众多学者提出的相关概念进行梳理和阐释，并对相关研究文献进行梳理总结。

一、媒体融合

“媒体融合”是英文“Media Convergence”的一种中文翻译，也有将它译作“媒介融

合"的。两种译法一字之差，内涵和外延却不尽相同，各有侧重。

（一）媒体融合的界定

20 世纪 70 年代"Media Convergence"概念在西方传媒学界产生。该概念是由尼古拉·尼葛洛庞帝（Nicholas Negroponte，美国麻省理工学院媒体实验室创始人）于 1976 年首次提出来的①。他认为"媒介融合是在计算机技术和网络技术融合的基础上用一种终端和网络来传输数字形态的信息，由此带来不同媒介之间的互换性和互联性"。从他的界定来看，媒介融合首先表现为技术驱动下的媒介介质的相通相连，然后通过内容数字化，实现不同介质内容的融合。最早将融合"Convergence"一词应用于传播学领域的传播学者是美国麻省理工学院的浦尔（Pool）教授。1983 年，他正式提出"Media Convergence"的概念，将媒介融合界定为"各种媒介的多功能一体化趋势"。浦尔认为，传统媒体之间互不往来、孤岛式的传播形态将因电子信息技术而获得突破，转而相互开放、融合。显然，浦尔对"Media Convergence"的表述，不仅提到了媒介形态的融合②，也提及了不同媒体的融合，反映了 20 世纪 80 年代传媒产业界的融合雏形。

1997 年，迦拿（Khanna）从传媒产业发展的角度认为融合是"为了适应产业增长而发生的产业边界的收缩或消失"。美国新闻学会媒介研究中心主任安德鲁·纳奇森（Andrew Nachison）强调媒介形态的融合——印刷、视频、音频等数字媒体之间的联盟。2003 年，美国西北大学教授里奇·高登（Rich Gordon）曾将融合概念界定为基于媒体科技、所有权、媒介组织结构等的融合，以及媒体间战术性融合、信息采集融合和新闻叙事形态融合属于内容融合。高登教授此言更多观照的是美国媒体产业发展中的融合情境，把媒体融合放在 21 世纪初期美国媒体具体的执行层面并进行了分层次的剖析。

我国有些学者则采用"媒介融合"的字眼，如蔡雯教授认为"媒介融合是指在以数字技术、网络技术和电子通讯技术为核心的科学技术的推动下，组成大媒体业的各产业组织在经济利益和社会需求的驱动下通过合作、并购和整合等手段，实现不同媒介形态的内容融合、传播渠道融合和媒介终端融合的过程"③。丁柏铨教授认为，"媒介融合是由媒介间诸多方面相交融的状态"④。国内也有不少学者将"Media

① 伍月明．"互联网＋"时代下传统媒体融合的思维启示[J]．科技传播，2015(22)：133－135．
② 王喜涛，李永华．从媒介融合到媒体融合的认知演进及其概念辨析[J]．中国传媒科技，2017(4)：59－60，79．
③ 蔡雯，王学文．角度·视野·轨迹——试析有关"媒介融合"的研究[J]．国际新闻界，2009(11)：87－91．
④ 丁柏铨．媒介融合：概念、动因及利弊[J]．南京社会科学，2011(11)：92－99．

Convergence"概念界定为"媒体融合"。他们中以郭全中教授[①]、熊澄宇教授、胡正荣教授[②]和陈昌凤教授[③]等为代表。2014年"媒体融合"被上升到国家发展战略层面，2014年被称为"媒体融合元年"。自此以来，学界和业界关于"媒体融合"的提法也越来越普遍。"媒体融合"侧重宏观战略和系列战术的推进，其表述反映了当今我们面对的传媒生态变革[④]。

本书中的"媒体融合"是指媒体组织或机构借助新媒介技术的快速发展，与其相关利益方围绕传媒内容产品的生产、传播及服务提供等合理调度组织生产要素和合理优化配置各利益相关方资源的过程，是关于内容生产、传播的理念和实践体系，是传媒技术、传播关系、传媒组织文化、传媒战略、传媒政策等多层面协同发展、相互作用而形成的一套开放的传媒生态发展系统。

在笔者看来，实现这个系统是一个美好的传媒愿景，亦是一个很难达到的高度。至少从目前来看，全球传媒界还没有一个媒体或传媒机构达到各层次全方位高度融合的发展水平。由于传媒自身发展条件和外在环境因素的复杂多变，决定了每个媒体经历媒体融合过程的曲折性和不确定性。媒体融合生态系统是一个一直处在不断形成和重塑中的易变系统。

媒体各个层面的融合不是孤立存在的，彼此是互相促进的关系，只有将各层面的融合要素有机结合才能构成真正意义上的媒体融合生态系统。在实际的传媒生产运营中或在大多数媒体的融合实例中，不同层面的融合可表现为媒体内生结构系统的融合或外生结构系统的融合。例如，美国《纽约时报》通过打造自己的"中央厨房"实现注重内容一次采集制作、多平台融合分发的媒体内生结构的融合的同时，也注重加强组织外生态链的打造，注重与其他媒体和产业的合作。通过内容开放、价值共创，进而提高媒体运作效率和内容质量，提升客户满意度，实现生产者和消费者的良性交互，这是媒体外生结构系统的融合。外生结构系统的融合还包括传媒规制融合、产业融合，以及媒体与媒体、媒体与其他产业间的融合，媒体与消费者的交互等。内生结构系统的融合和外生结构系统的融合往往是同时进行的。

---

① 郭全中. 媒体融合：现状、问题及策略[J]. 新闻记者，2015(3)：28-35.

② 胡正荣. 传统媒体与新兴媒体融合的关键与路径[J]. 新闻与写作，2015(5)：22-26.

③ 陈昌凤. "媒体融合"的学术研究态势与业界变迁方向——21世纪以来媒体融合研究的文献分析[J]. 新闻与写作，2015(3)：40-43.

④ 陈鸥帆. 媒体融合：在中欧互镜中探索前行之路——对话中国传媒大学新闻学院院长刘昶教授[J]. 现代视听，2017(11)：38-47.

（二）媒体融合的逻辑

媒体在所有权、技术、平台、内容、渠道、组织、文化等层面的融合各有各的本质特征和运行规律，它们在媒体发展进程中此隐彼现、此强彼弱，体现出传媒组织机构战略决策取向的变化，凸显了不同传媒组织在媒体融合发展层次上的差异，也昭示着不同媒体发展的着力点和努力方向。媒体融合也是关于媒体发展的一套逻辑系统。

1. 媒体融合的技术逻辑

媒介技术的进步使传播内容生产、传播形态、传播方式的变革成为可能。这种变革在当下的表现是，作为传统媒体的报纸、广播、电视、杂志正在从生产架构、运营机制到组织管理全方位向数字网络空间转移，与当下的以互联网、数字通信、多媒体技术为基础创建起来的网络新媒体和社交媒体如微博、微信、Facebook、YouTube 等竞合共存，前者成为后者的部分内容和功能，后者成为前者的延伸。它们以多形态双向或多向传播、多媒体呈现。

首先，移动通信技术、互联网技术、数字传输压缩技术的出现，使媒介承载的内容得以实现海量存储。基于数字网络技术的本地或异地内容存储为内容的自由调度、批量编辑处理和集约化管理提供了便利。以美国媒介综合集团为例，其属下《坦帕论坛报》及其网站 Tampa Bay Online、电视台 WFLA - TV，还有集团网站 TMO. com 的编辑部门全部汇聚在一栋名为"坦帕新闻中心"的大厦里，报纸、电视、网络媒体在新闻采集、编辑、不同渠道分发方面，实现了新闻传播业务流程的整合设计和集约化管理。

其次，新媒介技术打造的各类平台实现了内容的双向交互传输和时空延展。当今的网络媒体和社交媒体等融合媒体最大限度地实现了内容由一端到另一端或多端的快速传送，并且传输接收不受时间和空间的限制。用户既可从计算机、iPad 或智能手机终端获取，也能通过微信、Facebook、Twitter 和 YouTube 等社交媒体，同时分享、转发、评论和反馈。数字网络技术真正实现了内容的高速传送和及时双向或多向传播。

最后，数字多媒体技术可以帮助实现内容的多元呈现。文字、静态图片、音频、视频等多重数字元符号的组合以其极丰富的内容表现形式尽可能优化用户的消费体验。在计算机终端对应了 RMVB、AVI、MKV 等不同的格式，在手机、iPad 等移动端则对应了 MP4、3GP 等格式。虚拟现实技术更是将内容场景化，给内容消费者以沉浸式的体验。

随着未来媒介技术的不断推陈出新，尤其是 5G 网络的应用推广和信息技术高速公路的全面铺展，原本泾渭分明的媒介和媒介内容融合从生产传播交互的深度和广度上出现了更大的飞跃。正如麦克卢汉（McLuhan）在《理解媒介——论人的延伸》中断言的那样：任何媒介或技术的“信息”会引进人间事物尺度变化、速度变化和模式变化①。

2. 媒体融合的平台逻辑

媒体融合的核心之一是平台融合。从物理的角度来讲，就是让报纸、广播、电视这类传统的媒体平台与基于互联网的新媒体平台有机对接，实现内容生产和传播多样化。对于消费者而言，不同平台的介质属性、内容的多种呈现方式能满足他们使用便利性以及内容趣味性、可读性、可得性等方面多样化的需求。

跨平台生产传播实现资源优化整合。电视、报纸等传统媒体与互联网为基础的新兴媒体相互融合、取长补短，实现资源的充分有效利用，这是传统媒体与新媒体融合的基本出发点。以央视为例，近年来，央视凭借其内容丰富的优势在电视网、固定通信和移动通信等领域形成覆盖多个媒体、广域覆盖的传送平台。同时采用基于互联网的二维码扫码方式，吸引海量的电视观众参与节目互动。PC 端的央视网第一时间发布权威新闻资讯，自带中央电视台几乎所有的视频资源。CBOX（央视影音）是中国最大的网络电视直播客户端，涵盖了 CCTV 及卫视电视台品牌栏目②。随着移动互联网的快速成长，央视还主推各种栏目频道的 App。另外，央视各频道进驻了微博、微信、哔哩哔哩等平台。央视通过电视媒体向网络媒体、社交媒体平台拓展的方式，打通了传统媒体和新媒体之间的平台壁垒，实现了各平台之间资源共享、整合利用和内容的精准投放。

多平台呈现多形态叙事满足用户个性化需求。对广大用户而言，网络“Always on”（永远在线）是吸引用户在不同（融合）平台切换的外在动力。多屏互动已经是大势所趋，用户多平台切换的内在动力是对内容叙事的多样化和个性化需求。电视、PC、iPad、手机等移动终端平台提供的内容叙事形态和呈现方式各不相同，相应地用户得到的感官体验和对内容信息的认知也不尽相同。电视给人的视觉、听觉的刺激受到时间、空间的局限，而 PC、iPad、手机等移动终端可随时随地观赏，且可供内容搜索，借用莱文森（Levinson）的话说，“电脑屏幕通过‘光透射’运作，既保存了电视感性魅力，又传达了书籍的长处”。莱文森这里所说的“电脑”实际是指扁平化可携带的融媒体终端设备。

平台融合有利于将合适优质的内容，通过合适的渠道，在合适的时间和地点，传送给具有多样性和个性化需求的用户。继 mini - iPad 和移动智能手机后，伴随大数据挖掘技术、云终端和可穿戴设备的发展，融合平台朝向精准分发、轻便协作的开放型聚合平台发展。

---

① 马歇尔·麦克卢汉. 理解媒介——论人的延伸[M]. 何道宽，译. 南京：译林出版社，2011.
② 汪文斌. 融媒时代电视媒体客户端建设的探索与思考[J]. 新闻战线，2015(9)：12 - 14.

3. 媒体融合的文化逻辑

关于文化，西方文化研究学者威廉斯(Williams)做了深入的界定。在威廉斯的文化框架下，文化是表义的实践活动[①]。这为我们提供了从文化视角看待媒体融合的方法。我们至少可以从以下三个方面了解媒体融合与文化的关联。首先，媒体融合是对当代社会特定文化走向的一种反映。其次，媒体融合是对社会群体文化生产消费方式变化的反映，这从社会群体参与传统媒体与新兴媒体融合实践过程中体现出来。最后，媒体融合本身作为一种实践活动被赋予一种特有成果，这种成果以融合叙事的文化形式得以表征。

媒体融合反映严肃文化和草根文化的博弈与融合。媒体融合作为当今传媒的特定传播形式和手段，反映了当代传媒的文化特质——严肃文化和草根文化在博弈中走向融合。代表严肃文化、精英文化的主要是传统媒体，草根文化、大众文化的主要代表则是新兴媒体。前者专业门槛高、不容错，居于传播的中心，发布的内容具有权威性，受众处在被传播、被宣传的边缘。后者正好相反，面向大众开放，分享传播权利，尽管不权威、不够专业，但能在不断纠错中开拓进取。传统媒体和新兴媒体各自的文化特质，既有着互补调和的一面，即贴近受众(被传播者)，又存在不可妥协的对立，这主要表现在传统媒体对权威的坚守和对传播统一核心价值的坚持，而新兴媒体更注重个体意愿的表达和个人价值的体现。媒体融合恰恰反映了传统媒体和新兴媒体所代表的两种文化在相互借鉴的基础上共同发展。

媒体融合由文化信息生产主导转向文化信息生产和消费并重。传统媒体的传播由于传播权力掌握在为数不多的媒体机构和组织手中，受众作为被传播者较少参与生产传播。这种文化信息生产是单向的，是缺失了受众的诉求和反馈的，在一定程度上是一种封闭的文化生产。当受众不再是被动的信息生产消费者，而是文化信息生产的参与者和消费者，即实现了传播者与被传播者信息生产的融合，当这种融合生产既反映主流媒体意志，也反映社会大众对传播分享的诉求，信息生产则变成真正意义上的大众传播活动，从而刺激大众的文化信息生产和消费欲望。

以《人民日报》媒体融合为例，融合之前《人民日报》的用户不到 300 万。2012 年 7 月，《人民日报》为了扩大用户群，提高有效阅读量，加大了新媒体的开发力度，开通了新浪微博账号，随后又开通了微信公众号，前后两年的时间里，粉丝超过了 3 000 万，相当于传统报纸的 10 倍。由此可见，媒体融合极大地撬动了大众的文化信息生产和

---

① 蔡骐，谢莹. 文化研究视野中的传媒研究[J]. 国际新闻界，2004(3)：43－49.

消费活动。

媒体融合顺应传统文化消费向现代文化消费转变的时代潮流。在媒体融合之前，传统的文化消费方式限于阅读纸质的报纸、杂志等印刷出版物，或是沙发上的"土豆"，定时定距离观看有限的电视新闻和娱乐文教节目，或是收听调频调幅广播，这在过去人口流动少、生活节奏慢、活动空间相对固定、交流相对闭塞的时代，不成问题。但是，现代社会已然发生了巨变：全球范围内人口流动不断加大，生活节奏愈来愈快，活动空间越来越广，交流传播追求及时高效。刚才在路上与人交谈的你可能一个小时之后就踏上了去往异国他乡的路途，一路上，你可能会打开手机客户端浏览世界各国视频新闻，或通过社交媒体分享见闻、发表评论，或付费收看定制网络视频。这一切因为媒体融合而变得轻而易举。多功能一体化的媒介融合一方面实现了多样化媒体内容产品在一个平台上的一体化呈现，另一方面演绎了同一类内容在不同平台上不同的叙事风格，它们共同阐释现代社会对多元、便捷、高效、时尚的文化消费的追求。

4. 媒体融合的产业逻辑

媒体既具有从事文化创意、内容生产的产业属性，又具有舆论宣传、培养觉悟意识的事业功能。媒体融合能够更好地体现这些属性和发挥这些功能。

媒体融合是媒体产业化与市场化的产物。我国广电媒体在相当长的时间里是作为事业单位来运行的。直到近20年，尤其是中国启动"三网融合"，实现广电和电信企业双向进入，广电媒体被重新定位，由此中国的广电媒体(尤其指传统媒体)从真正意义上开始了从事业型企业向事业产业型企业的转型之路。然而中国传统广电媒体的产业之路并不平坦，在与新兴媒体的市场竞争中屡屡遭遇"滑铁卢"——受众大量流失、市场份额大幅缩水、订阅发行陡跌、广告收入锐减。与此相对，新兴媒体则凭借新技术、新资本运作和现代化管理，不断抢占传统媒体的地盘，扩大市场份额和受众用户规模，进而扩大产业疆域。而新媒体因为"新"，势必缺乏资深专业团队和优质内容资源，存在发展后劲不足的难题。在此情形之下，传统媒体和新兴媒体为赢得市场和受众就要走竞合之路，媒体融合成为必然。

媒体融合也是"意识培养"产业的产物。在马克思看来，传媒会影响到工人阶级的凝聚力与积极性。哈贝马斯(Habermas)的公共领域理论认为，借由网络公共领域组织，公民个体可以在一起就公共事务进行讨论，发表对公共事务的主张和见解，最后形成意志，达成共识。学界一致强调传媒是意识培养的途径，尽管手段和形式各不相同。

在现代传媒的进程中，主流意识形态凭借其传媒技术优势向个体渗透，社会公民也借由社交网络空间凸显公民意识。媒体融合在这种意义上成为主流意识拓展“意识培养”产业的新市场和培植公民政治民主意识的新手段和新渠道。

5. 媒体融合的关系逻辑

任何传播都是一种关系传播。巴罗阿多传播学学派学者将传播中的这种关系发展成为“关系传播理论”，他们认为传播包括两种信息，即“内容信息”和“关系信息”，并且“关系高于内容，关系影响内容，关系决定内容”①。作为传播特殊形态的媒体融合概莫能外。媒体融合究其本质就是寓于传播关系的建构和传播主体与客体的互动之中。具体来说，其是通过一种被传播的内容来反映或说明一种关系；反过来，通过建立传播关系投放量身定制的内容或产品。

媒体融合是促进社会关系整合的枢纽。西方学者尼克·史蒂文森（Nick Stevenson）指出，借助各种技术手段，传播能让人们进行充分的沟通②。现代传媒在利用现代技术生产新闻以聚集全世界不同人群集体关注参与方面竭尽其能事。例如，美国互联网媒体对奥巴马总统竞选的新闻报道也如出一辙，其通过互联网化的方式，如开通个人网站、设立专门电子邮箱、制作形象宣传短片、在电子竞技类游戏平台上发布竞选广告等，把奥巴马包装成了网红候选人，人气骤增。有数据显示，竞选期间奥巴马在Facebook、Twitter上的粉丝达到千万以上③。特朗普的Twitter竞选也是一个非常成功的案例，在不受主流媒体支持的情况下，他将Twitter作为与选民互动的主要途径，将新媒体的影响力发挥到极致，对其成功当选起到了至关重要的作用。融媒体内容已经成为一种公共资源，它将各种各样的社会群体聚集起来，通过相互沟通，促使人们达成一种普遍的共识，社会关系在交流认同中重构。虚拟社区的构建，在保持社会的平衡和稳定方面起到了良好的作用。

媒体融合还是各种生产关系整合的路径。就现代传媒产业而言，其内容信息产品是作为生产者的媒体与作为消费者的受众或用户之间关系的纽带而具有价值。通过一定的内容产品，媒体得以创建与特定用户的关系或关联。由于媒体融合具有多平台网络交互特征，这种原本单一的用户关系经由用户与用户之间交错的点状网络分享传播得以强化和延伸，新的产消关系不断建立，弱关系不断变强，强关系进而扶植创建更多新的复杂关系链接。以媒体端为起点，媒体与其他合作媒体、媒体与广告主、媒体与其

① 陈先红. 论新媒介即关系[J]. 现代传播(中国传媒大学学报)，2006(3)：54－56.
② 尼克·史蒂文森. 认识媒介文化——社会理论与大众传播[M]. 王文斌，译. 北京：商务印书馆，2001.
③ 佚名. 向奥巴马学营销[J]. 中国品牌，2012(12)：66－67.

代理，落脚点是媒体与用户或消费者的关系，这种关系的强化往往使媒体与其他利益方的关系得以维系和强化[①]。美国《赫芬顿邮报》前CEO吉米·梅曼(Jimmy Maymann)分享《赫芬顿邮报》的实践经验时指出，“《赫芬顿邮报》之所以能够取得成功，主要得益于三个方面的变革。第一个变革是博客的出现，它让《赫芬顿邮报》拥有8万活跃的博客用户；第二个变革是搜索引擎；第三个变革是类似Facebook这样的社交媒介的迅速扩张”。《赫芬顿邮报》的辉煌很大程度上应归功于各方关系整合——借助博主的影响力网罗各方关系多渠道有效聚合优质内容、借助博主的影响力多平台分发传播内容、借助博主的影响力实现多用户交互，而这些无疑是增强用户关系黏度的必然路径。

二、价值共创

“价值共创”是营销管理学领域的一个重要概念，现代企业在其发展过程中逐渐意识到价值共创思想内核的合理性和适用性，因而价值共创被广泛借鉴和应用在制造业、服务业、电子商务等领域，并逐渐向传媒领域渗透。

(一) 价值共创的界定

“价值共创”的界定及其理解涉及具体的应用领域。不同领域的学者在回答什么是“价值共创”的问题上，会给出不一样的答案。尽管如此，在理解和实践过程中不同领域的价值共创可以相互借鉴、相互促进。

“价值共创”即“Value Cocreation”，作为营销管理学研究最重要的概念之一，由管理学大师普拉哈拉德(Prahalad)和拉马斯瓦米(Ramaswamy)在21世纪初首先提出，它特指不同利益相关主体互动合作创造价值。关于价值共创，普拉哈拉德提出了一个核心观点，即企业和消费者以及其他利益主体进行互动合作可以创造共同价值，这将是企业未来重要的竞争方式。后来许多学者在此基础上，根据各自的研究视角，对价值共创进行界定。Zaneta等将其定义为“为企业和顾客带来共同价值的一种营销和商业策略”[②]。Merz等从品牌共创的角度将其定义为“通过所有利益相关者生态圈之间的网络关系和社会互动创造品牌价值”[③]。另有学者从创新生态系统的角度，将价值

① 笔者对时任星巴克新闻编辑部(Starbucks Newsroom)数字新闻主编Linda Thomas的访谈，2016-03-21.
② 铁翠香.“互联网+”时代的价值共创路径探讨[J].现代传播(中国传媒大学学报)，2016(12)：76-79.
③ Merz M A, Yi H, Vargo S L. The evolving brand logic: a service-dominant logic perspective[J]. Journal of the Academy of Marketing Science, 2009, 37(3): 328-344.

共创定义为“主体之间在创新活动中进行开放协作与资源共享，通过合作满足各自的价值获取”①。

(二) 价值共创的构成要素

基于以上学者对“价值共创”概念的界定，我们可以把价值创造主体、互动形式、共创路径、关系网络以及资源要素等归纳为价值共创的要素。价值共创的主体涉及两个或两个以上的利益相关方。价值共创活动主要包括主体间互动合作、整合资源、构建关系网络等。互动合作是整合资源和构建关系网络的前提和基础。互动是一种自然的或虚拟的、思想或行动上的接触。它是价值共创的主体相互对话、相互调适、相互影响的过程。互动有赖于主题活动的组织策划和执行效果。只有形成良性互动，才能促进合作。基于互动合作，各利益相关方或价值共创主体可以整合资源和构建网络关系，才能实现价值共创。

事实上，包括传媒在内的现代企业的经营发展，都越来越离不开企业与其他利益相关方基于互动合作、整合资源、构建关系网络的价值共创活动。

(三) 价值共创的三大主导逻辑

继普拉哈拉德提出价值共创概念和后来学者不断发展完善该概念之后，学术界先后形成了基于消费体验主导、服务主导和顾客主导等三大价值共创逻辑体系。

1. 消费体验主导逻辑

2004 年，在《成就未来的竞争力：与顾客共创独特的价值》这一著作中，普拉哈拉德和拉马斯瓦米着眼于构建企业核心竞争力，在聚焦消费体验的前提下，通过企业和消费者互动协作以提升用户的消费体验，从而实现价值共创。在他们看来，企业和消费者在价值创造过程中可以通过持续的对话和互动满足消费者的价值主张。这个过程包含了对商品或服务的研发、设计、制造、使用以及后期保障等②。

2. 服务主导逻辑

Vargo 和 Lusch 两位学者提出价值共创的服务主导逻辑范式。他们认为，“企业生产者提供满足消费者个性化需求的产品和服务，而消费者作为一种重要的操纵性资源(Operant Resources)参与到价值创造的过程中，在产品和服务使用或消费过程中与生

① Vargo S L, Lusch R F. Service-dominant logic: continuing the evolution[J]. Journal for the Academy of Marketing Science, 2008, 36(1): 1-10.

② 武文珍，陈启杰. 价值共创理论形成路径探析与未来研究展望[J]. 外国经济与管理，2012(6): 66-73,81.

产者一起成为价值的共同创造者”[①]。企业和消费者共同创造的价值是消费者在消费过程中实现的“使用价值”，使用价值产生于消费者的使用和消费阶段[②]。

3. 顾客主导逻辑

Grönroos 和 Heinonen 等则基于顾客主导逻辑，认为价值创造围绕顾客的生产生活展开，顾客在生产生活的过程中将身边可利用的资源（包括自身的各项能力）与企业提供的产品和服务进行整合，以达到自己的目标（亦即实现使用价值）[③]。基于这一理论，企业在经营生产过程中要考虑如下问题：顾客在哪里消费？消费什么？消费的目的是什么？以帮助顾客利用产品和服务达成他们自己的价值为目标导向[④]。

上述价值共创的不同主导逻辑源于这样一个共识：在价值创造的链条中，消费者和企业共同成为价值共创的主体，其中消费者作为重要的价值创造方还在参与价值共创过程中实现了自身的价值创造。因此，企业有必要明确顾客或消费者在关系企业生产经营发展的价值创造活动中的地位和作用，通过企业和消费者的协作和资源整合，达到两大主体价值的最优化。当然，价值共创还有其他主体，如合作方、投资方等其他利益相关方。

三大主导逻辑的差别是，基于消费体验主导逻辑的价值共创理论的内涵更加广泛，消费者参与价值共创同时包括了“价值形成过程”和“价值发展过程”。基于服务主导逻辑的价值共创理论相对狭义一些，其认为生产者提供满足消费者个性化需求的产品和服务，而消费者作为一种重要的操纵性资源参与到价值创造的过程中，在产品和服务使用或消费过程中与生产者一起成为价值的共同创造者[⑤]。基于顾客主导逻辑的价值共创理论重在强调企业的价值是通过实现顾客的价值来实现的。

作为营销管理学领域备受关注的研究热点，价值共创理论思想明确指出价值是企业和消费者及其他利益相关方作为共创价值的主体共同创造的，但并没有明确指出其到底在哪个特定的领域共创了怎样的价值。

---

① Vargo S L, Lusch R F. Evolving to a new dominant logic for marketing[J]. Journal of Marketing, 2004, 68(1): 1-17.

② Grönroos C. On value and value creation in service: a management perspective[J]. Journal of Creating Value, 2017. 3(2): 125-141.

③ Heinonen K, Strandvik T, Mickelsson K, et al. A customer-dominant logic of service[J]. Journal of Service Management, 2010, 21(4): 531-548.

④ Grönroos C. On defining marketing: finding a new roadmap for marketing[J]. Marketing Theory, 2016, 6(4): 395-417.

⑤ Grönroos C. On value and value creation in service: a management perspective[J]. Journal of Creating Value, 2017, 3(2): 125-141.

三、媒体与消费者价值共创

相对于“价值共创”的研究近十年来在营销管理学、经济学领域如火如荼地发展，传媒领域对“价值共创”这个话题的理论研究并没有形成热点。而随着网络社会的到来和粉丝效应的盛行，消费者的价值创造潜能得到充分释放。媒体逐渐意识到消费者对于媒体数字化生存和发展的重要性。媒体与消费者共创价值的现象已蔚然成风。但由于受到不停演进变化的“互联网＋”经济、媒介技术、资本以及传媒政策等各种条件和因素的作用或影响，加之媒体固有的不同自身条件，媒体和消费者价值共创的研究和实践注定充满复杂性和不确定性。媒体和消费者价值共创的理论争鸣和实践探索尚处在起步阶段，还将经历一个不断发展的过程。

在本书中，媒体与消费者的价值共创是指消费者基于媒介内容信息的生产和传播，借助基于通信网络的各类型平台频繁与媒体互动合作和整合资源，进而共创价值——既为媒体创造价值，也为自己创造价值。它以媒体与消费者的互动合作、整合资源、构建关系网络为抓手，以媒体与消费者平等互利、实现各自的价值为终极目标。在后面的第三章第五节中，笔者将审慎性地借鉴价值共创的思想并将其落实到新闻传播领域中，用它探讨媒体与消费者作为价值共创主体创造什么价值的问题。

四、“媒体融合”和“媒体与消费者价值共创”的关系

媒体融合为媒体与消费者价值共创提供了现代传媒发展不可或缺的环境。媒体融合倡导媒体与消费者平等对话、交流、协作、共享的互动合作理念和原则。以媒体融合为例，媒体融合的运行逻辑是通过技术、内容、组织、平台渠道等多层面的融合谋求实现内容一次生成、多元分发传播，以最合适的方式在合适的时间将丰富优质、有用的内容传送给消费者。这充分体现在媒体融合以消费者为中心，以优化消费者消费体验为导向的传媒发展理念中。媒体以数字订阅优先的数字化发展战略决定了它们对数字时代消费者的倚重。在强化消费者意识和构建媒体与消费者良好关系的基础上，媒体融合通过创新，促进了媒体与消费者的良好互动和合作。由于媒体在组织、技术、内容、平台、商业模式等多层面不断进行融合创新，这使得基于消费者生产内容（UGC）与媒体生产内容（PGC）的交互性双向生产成为可能。不仅如此，通过各种融合平台和渠道网络，内容借由消费者以快捷、便利的方式广泛地传播和分享，从而完成内容的协同生产、分发营销、开发和创新，媒体与消费者得以共创价值。从这个意义上来说，媒体融合中的

创新也是媒体与消费者价值共创的强大驱动力。

媒体与消费者价值共创是媒体融合的产物，也是媒体融合的重要内容。以“媒体与消费者价值共创”为特征的价值创造方式的革新和媒体组织内部围绕媒体融合而进行的组织“创新”是审视媒体融合的两个重要维度。前者强调媒体组织外延结构的转变，立足媒体组织的内容产品生产、供给对象即消费者的需求，是着眼于价值创造方式和产消关系的变革。后者强调媒体自身组织内生结构性变化，媒体谋求的是自内而外的创新，立足媒体组织的内容产品的生产、供给，着眼于技术创新、内容创新、组织创新、商业模式创新，它们是媒体融合的核心。这种创新更多是一个“内在因素”，是内部自身创新而产生的一种变动①。

媒体融合的精髓在于激活媒体组织内部和外部一切主体因素的能动性和创造性，通过内外部资源合理配置、优化组合的活动过程，实现媒体组织及其利益共同体的利益或价值最大化。以“创新”为先导的内生结构性变化和“媒体与消费者价值共创”为表征的外延结构的转变统一服务于打造媒体融合生态系统的这项重大媒体工程。媒体内部展开的一系列协作性的创新活动会扩散到媒体与媒体组织外各主体的合作中，然后媒体与外部主体的合作活动进而倒逼媒体组织内部的协作创新。在这种自内而外的各种“创新”和自外而内的各种转变而形成的合力作用下，推动了媒体融合高效发展。

媒体组织内部的融合创新和组织外部媒体与消费者价值共创都是解放媒体生产力和改善生产关系的创举。它们对媒体数字化的发展、媒体核心竞争力的打造和媒体未来战略的创新方面将产生愈来愈深远的影响。

第三节　研究现状

一、媒体融合的研究现状

西方发达国家如美国等较早地认识到媒体融合的重要性，在 20 世纪 80 年代就将“媒体融合”提上了议事日程，组织专家团队对此进行研究和探索②，传媒业界和学界紧密合作，共同关注和参与融合进程。

---

① 外国经济学说研究会. 国外经济学讲座[M]. 北京：中国社会科学出版社，1981.

② 贾泽军，尹茶，邓晓群. 中国媒体融合研究现况分析及对策研究[J]. 科技与出版，2014(10)：135－139.

（一）国外的媒体融合研究

国外学者的研究主要集中在传媒产业经营与管理战略研究、媒体融合中的商业模式研究等方面。

1. 传媒产业经营与管理战略研究

Ramon 等在《从战略、商业模式到策略的选择》中探讨了战略、商业模式和商业策略的区别和彼此之间的关系[①]。Bernd 等在《商业模式之战略演进》中探讨了第二代互联网环境对不同商业模式的影响[②]。Carleen 等在《欧洲市场传媒价值链的演进》中分析了欧洲市场通用电信体制对传媒产业价值链再造的影响[③]。Oliver 等在《跨界创新：没有供应商的产业联盟》中探讨了大媒体产业经营的问题[④]。

2. 媒体融合中的商业模式研究

Peter 的《B2B 商业模式在融合媒体市场的竞争优势》从商业模式创新的视角，对美国媒体产业内合作与媒体跨产业合作进行探讨，强调了商业信息思维的重要性[⑤]。Sam 等探讨了网络时代传统媒体与新媒体的商业模式的不同演进发展状况[⑥]。

3. 媒体融合中的受众研究

进入 21 世纪后，网络技术日益成熟，Facebook、Twitter、微信、微博、QQ 等社交工具普及，媒介研究开始关注网民和媒介用户的消费需求和消费行为。Marieke 等认为不同国家居民收入差异的消失并不能导致消费行为的趋同[⑦]，相反，由于文化的差异居民的消费行为会产生很大的差别，价值体现会有很大的反差。Harsh 等在《跨平台媒介消费》中探讨了用户消费行为偏好的影响因素和消费模式之间的关系。

4. 媒体融合生产的研究

Sue 的《融合的危机》考察了新闻中心数字化转型给记者、编辑带来的变化和冲

---

① Ramon Casadesus－Masanell, Joan Enric Ricart. From strategy to business models and onto tactics[J]. Long Range Planning, 2010, 43(2/3): 195－215.

② Bernd W Wirtz, Oliver Schilke, Sebastian Ullrich. Strategic development of business models implications of the Web 2.0 for creating value on the internet[J]. Long Range Planning, 2010(43): 272－290.

③ Carleen F Maitland, Johannes M Bauerb, Rudi Westerveld. The European market for mobile data: evolving value chains and industry structures[J]. Telecommunications Policy, 2002, 26(9): 485－504.

④ Oliver Gassmann, Marco Zeschky, Timo Wolff, et al. Crossing the industry-line: break through innovation through cross-industry alliances with 'non-suppliers'[J]. Long Range Planning, 2010, 43(5/6): 639－654.

⑤ Peter G P Walters. Adding value in global B2B supply chains: strategic directions and the role of the internet as a driver of competitive advantage[J]. Industrial Marketing Management, 2008, 37(1): 59－68.

⑥ Sam Lehman－Wilzig, Nava Cohen－Avigdor. The natural life cycle of new media evolution: Inter-media struggle for survival in the internet age[J]. New Media & Society, 2004(6): 707－730.

⑦ Marieke de Mooij, Geert Hofstede. Convergence and divergence in consumer behavior: implications for international retailing[J]. Journal of Retailing, 2002, 78(1): 61－69.

击[①]。Louis 的《报业发行的挑战和机遇》着重论述了报纸内容生产和发行的变化。Jean 探讨了在新闻信息信源提供、内容生产方面用户所起到的重要作用和媒体融合中的 UGC 对媒体内容生产的影响[②]。

5. 传媒规制和传媒伦理的研究

Tsan-Kuo 的《网络新闻司法保护：美国记者的超链接理念》探讨了美国记者如何看待超链接。Daeho 的《韩国广播电信融合新规制研究》[③]、Majid 的《和平新闻学：全球协商式新闻伦理》探讨了全球化时代的新闻伦理的重要性[④]。

6. 媒体融合与社会民主生活关系的民族志研究

Scott 的《媒介事件的再思考：大屏幕与公共空间广播》讨论了大屏幕媒体在促进公民互动方面的作用[⑤]。而 Mark 的《媒介产业与我们的工作和生活》《对中国地震的报道：媒体融合时代的跨文化传播》和 Seungahn 等的《当公民遇上职业记者和公民记者：社会信任、媒体信誉与网络社区读者心目中的记者角色》等研究体现了国外学者的人本研究思想[⑥]。Meghna 的《经济学视野下的印度传媒产业》[⑦]，体现了多元文化融合的学术氛围。

7. 媒介融合的影响研究

Paul 在《后产业时代的新闻媒体的危机》中探讨了融合媒体时代美国新闻媒体欧化的危险[⑧]，Bob 的《媒介及信息：论美国在线的无意识》则是将传统理论与现实相对照的典型研究，反映了学者的批判思维。

（二）国内的媒体融合研究

国内的媒体融合研究可以追溯到 21 世纪初。在 2005 年，蔡雯教授发表了一篇名

---

① Sue Robinson. Convergence crises: news work and news space in the digitally transforming newsroom[J]. Journal of Communication, 2011, 61(6): 1122－1141.

② Jean Paul Simon. User generated content-users, community of users and firmsz; toward new sources of co-innovation? [J] Info, 2016, 18(6): 4－25.

③ Daeho Kim. New regulatory institution for the convergence of broadcasting and telecommunications: a Korean case[J]. Government Information Quarterly, 2011, 28(2): 155－163.

④ Majid Tehranian. Peace journalism: negotiating global media ethics[J]. The Harvard International Journal of Press/Politics, 2002, 7(2): 58.

⑤ Scott Mcquire. Rethinking media events: large screens, public space broadcasting and beyond[J]. New Media Society, 2010, 12(4): 567.

⑥ Seungahn Nah, Deborah S Chung. When citizens meet both professional and citizen journalists: social trust, media credibility, and perceived journalistic roles among online community news readers[J]. Journalism, 2012, 13(6): 714－730.

⑦ Meghna Rishi. Media convergence model for emerging economies: perspective from the Indian advertising industry[J]. Management Research, 2012(12): 59－74.

⑧ Paul Starr. An unexpected crisis: the news media in postindustrial democracies[J]. The International Journal of Press/Politics, 2012, 17(2): 234－242.

为《新闻传播的变化融合了什么？——从美国新闻传播的变化谈起》文章，将“媒体融合”概念引入国内。自国家“十一五”规划建议推进“三网融合”以来，中国开始迈开媒体融合的步伐，媒体融合的学术研究也拉开了序幕。较早对西方媒介融合理论进行梳理的国内学者之一有王菲，其将媒介融合的系统形态归纳为“内容融合、网络融合和终端融合。它们与生产融合、应用融合互为作用，为基于数字化技术融合推动”①。蔡雯教授也为厘清媒介融合概念作出了贡献，她将媒介融合具体划分为微观、中观、宏观以及大传媒业四种不同的类型。宋立宝认为媒介融合概念的内容包含“媒介内容的融合、传播渠道的融合和媒介终端的融合”②。

2009年，国务院转国家发展和改革委员会通知提出实现广电和电信企业双向进入后，“三网融合”取得实质性进展，国内媒介融合理论研究由基础学理研究逐渐转向与传媒实践关联的应用研究。近年来，我国通过机构合并、企业重组等多种方式打造了几家传媒航母，为我国学者从事媒体融合研究提供了较为丰富的媒体融合实践案例。2014年8月，在中央全面深化改革领导小组会议上，习近平总书记正式提出媒体融合发展的目标③，此后，国家出台了相关支持政策。国家政策的支持成为中国学者们积极投身媒体融合研究的新动力。2014年被称为中国媒体融合的元年。尽管美国的媒体发展仍处在领先地位，但美媒体融合的大局，在新媒体阵营、传统媒体阵营和自媒体阵营三个层面形成了博弈的基本格局。2015年5月习近平总书记发出关于“融合新媒体人”的讲话，对于传媒媒体破局具有非同寻常的意义。随后从中央到地方多个部门推出了相关政策和文件以及财政补贴等举措推进媒体融合。

1. 对媒体融合基础理论的描述、阐释和建构性研究

我国广电、电信、互联网融合的政策于2010年发布，学术界关于媒体融合的研究氛围日趋浓厚，一开始主要是介绍相关理论，或者在理论上阐述媒体融合对我国媒体发展的好处。随后，众多学者对媒体融合进行了更深入的研究。蔡雯教授认为，“媒介融合”不仅是指各种媒介组织间的合作模式，还是各类媒介通过新介质真正实现融合形成的一种独立运行、操作规范的新闻生产模式④。夏虹提出“内容融合、‘三网’融合、终端融合”三个方面的融合⑤。严三九教授在其主持的国家社科基金重大项目课题研

① 王菲.媒介大融合——数字新媒体时代下的媒介融合论[M].广州：南方日报出版社，2007.
② 宋立宝.新时代民主党派新闻宣传的实践与思考[D].济南：山东大学，2018.
③ 陈瑜伟.电视新闻在媒体融合中的“貌合神离”与做优做强[J].新媒体研究，2018，4(4)：80-82.
④ 刘结玲.媒介融合研究新进展综述[J].中国传媒科技，2013(4)：1-2.
⑤ 夏虹.“三网融合”背景下的媒介融合研究[D].南昌：南昌大学，2012.

究中，提出通过技术融合、内容融合、渠道融合、集群融合、产业融合加快推进传统媒体和新兴媒体融合发展的建议和构想①。

2. 对国内外媒体发展战略的分析和经验性总结研究

沈馨从战略经营的角度对维亚康姆与新闻集团全球扩张策略进行了比较。张利平分析了《华尔街日报》从内容融合、渠道融合到终端融合的战略。中国台湾地区学者张煜麟以英国《卫报》为例，考察了“开放式新闻”商业模式的兴起与运作特点。高红波提出以开放式新闻构建数字化商业模式的建议。邢建毅等对新闻集团、时代华纳、迪士尼、贝塔斯曼等跨国传媒集团的发展进行研究总结，认为不断优化资产组合并向新媒体、互联网等市场拓展，是传统媒体业务和数字媒体收入增长的重要模式。刘滢介绍了国外媒体组织机构建立联合编辑部成为融合新趋势。孟伟等以英国、意大利、西班牙等欧洲国家为例，介绍了欧洲广播业的发展与变革。其指出数字技术使欧洲广播发生了深刻变化，表现在“广播媒体融合步骤加深、广播收听方式和节目内容凸显新媒体元素、广播编辑部组织架构呈现总体转变趋势以及广播与社交媒体深度融合等四个方面”②。李红祥以美国媒介综合集团管理经验为借鉴，对媒介融合下的传媒管理创新作了探讨。

在国内媒体发展战略研究方面，李岚指出广电主流媒体要依托视听新媒体技术，探索新的产业模式，树立融合媒体观念，创新广电体制机制，整合电台、电视台资源，加快业务流程再造和机构重组，围绕三个方面发展：一是实施融合媒体发展战略，实现双效益最大化；二是实施视听内容战略，提升核心竞争力；三是实施品牌战略，深化可持续发展③。

3. 融合路径研究

国内学者对国外媒体融合路径的研究比较多而集中。蔡雯等指出，转型的路径在于发挥企业的资源优势，并按照现代企业治理在组织架构、生产流程和新品开发上发力，确立企业在竞争中的优势④。龙思薇基于对BBC的实地访谈和考察，以及对贝塔斯曼、新闻集团、时代华纳、迪士尼等传媒集团数字新媒体运营历史和现状的观察分析，梳理出数字化转型以内容和资本为抓手的两种路径，并指出技术资源和人才资源是数字化转型的两个必备要素。其最终提出数字化转型成败的因素，即战略实施的稳定性、对环境判断和反应的敏锐性、难以调和的文化冲突和对于转型的认识存在偏差等。王春

① 国家社科基金重大项目“加快推进传统媒体和新兴媒体融合发展研究”阶段性成果，项目编号：14ZDA049.

② 孟伟，董明锐. 2012年欧洲广播业发展与变革[J]. 中国广播，2013(2)：22-26.

③ 李岚. 多元传播环境下广电主流媒体的产业发展战略[J]. 电视研究，2014(7)：12-14.

④ 蔡雯，李亚丽. 传统媒体如何决胜数字时代？——对英国三家著名媒体的调查与思考[J]. 国际新闻界，2007(9)：49-53.

枝认为，美国传统媒体数字化转型主要通过“建立传统媒体的网络版、传统媒体并购新媒体、探索新的盈利模式”来实现[①]。秦红雨则具体从文化融合的角度进行了相关探讨。

在对国内媒体融合发展路径进行研究的学者当中，张志安提出媒体需要实现三点转变：从面向读者转变为服务用户；从提供新闻转变为提供服务；从售卖广告转变为提供整合营销。刘兆权从内容、渠道和市场的融合等三个方面阐述新旧媒体的融合。倪震洲的《全能型记者：融合报道模式下的新闻生产》、朱克燕的《从台网互动到媒介融合：全媒体时代的地市电视突围之路》、喻国明等的《强化互联网思维 推进媒介融合发展》、任甜甜等的《探索SMG制播分离的发展之路——从制播分离对比SMG和BBC的媒介融合》分别从内容生产、营销渠道、报道模式、用户思维等各种角度探索了媒体融合的路径。

4. 传媒规制研究

聚焦国外传媒规制的学者肖赞军在《西方传媒业的融合、竞争及规制》一书中，详细考察了美国、英国、法国、日本等发达国家的传媒规制，并以美国为例，考察了西方传媒融合最新动态及传媒市场结构的演进。黄东英介绍了麦克切斯尼对美国媒体制度的思考。周庆山等进行了欧美各国信息传播中内容规制政策的研究。

在对我国传媒规制进行的研究中，肖赞军指出媒介融合存在四类规制问题：规制不一致、规制不确定、规制不合理、规制不恰当等[②]。前两类问题是传统规制在业务分类上的困境，后两类问题则分别指传统规制是否必要、规制方法是否合适。彭兰提出媒体融合要通过整合性、层次化、兼容性管理原则，去建设数字媒体的内容管理体系[③]。

黄艾等指出，我国报业发展壮大必须基于媒体组织机构流程再造，不仅要进行体制与机制创新，还要做好运营模式和商业模式创新，努力发展报业全媒体[④]。胡正荣等的《媒介融合背景下的电视新媒体所有权变化及其对文化创意产业的启示》，张宏伟等的《全媒体时代电视剧版权运营研究》都指出了媒体融合中的版权问题。周琼等探讨了关注用户的阅读体验的重要性，进一步提出在互联网时代要“运用互联网思维创新信息收费模式，充分利用科学技术手段解决数字版权问题”。

5. 发展模式研究

关于媒体融合进程，付玉辉表示，信息传播领域的融合演进方向大致朝现代传播体

---

① 王春枝. 美国传统媒体数字化转型的三种途径[J]. 青年记者，2008(2)：44－45.
② 肖赞军. 媒介融合引致的四类规制问题[J]. 当代传播，2014(1)：60－62,65.
③ 彭兰. 关于数字媒体内容管理体系建立原则的思考[J]. 国际新闻界，2007(11)：12－18.
④ 黄艾，曹三省. 报业全媒体进程中的若干现实问题[J]. 传媒，2013(3)：10－13.

系推进①。梁钊丰提出融合背景下新闻形态的整合发展，媒介融合不仅仅是将不同类型的媒介融合在一起进行交互，还将传统新闻业务形态进行了整合与重组。通过媒介融合平台，新闻业务呈现出前所未有的发展动态。雷永青以"读者"到"用户"为切入口探讨了经营盈利模式的变迁。崔瀚文对媒介深度融合的技术背景之下报纸的新型运行模式进行了探讨，针对我国报纸营销面临的现状进行分析，认为创新报纸运行模式具有十分重要的意义。陈薇等从组织创新理论出发，研究报纸媒体在组织架构上的革新途径，包括以提升效率为目标按照扁平化、一体化的思路对内部生产组织形式进行革新，首先是打破"部门墙"、突破行政边界，其次是面向内容生产实施前中后台的组织设计，实现生产的虚拟化和弹性②。李爱梅探讨了"在传统媒体与新媒体融合的基础上，创新广告传播模式，提升品牌形象，强化企业文化宣传，达到转型期报业集团最佳转型效果"③。郭赫男等指出，媒介融合时代的新闻生产模式发生颠覆性的嬗变，消费者也能参与生产新闻，进入消费者和媒体共同生产新闻的时代④。

6. 对我国全媒体融合实践的研究

严三九等勾勒了媒介生产的全媒体化运营打造的全景化生产格局，即媒介生产形态的多样化、媒介生产效果的立体化、媒介生产过程的持续化、媒介生产主体的多元化、媒介生产内容的丰富化、媒介生产市场的分众化⑤。庄惠民的基于媒介背景探讨了新闻业务的整合和发展。蔡雯等以烟台日报传媒集团创建全媒体数字平台为例，描述了纸媒转型与全媒体流程再造。张东明、喻频莲、阮超、陈博分别就南方报业传媒集团、《人民日报》、《中国日报》、宁波日报报业集团的媒体融合布局进行总结分析。田园子选取《南方日报》"全媒体编辑部"为研究对象，分析了编辑部在转型过程中取得的成效以及存在的问题。

7. 关于媒体融合中的新技术应用研究

我国学术界对媒体融合中新技术应用的研究较为普遍，其中主要的新技术应用包括大数据、云计算、人工智能、5G 等。在大数据应用的研究方面，学界的主要研究方向为大数据在媒体融合的生产经营全过程中的应用，如张洁分析了大数据在媒体经营中所发挥的催化剂作用，并在出台大数据标准、推动数据共享等方面提出了建议⑥；轩献以

① 付玉辉. 传统媒体和新兴媒体都是创新型融合媒体[J]. 青年记者，2014(31)：5.
② 陈薇，吕尚彬. 媒介融合背景下中国报业组织结构的创新路径[J]. 当代传播，2014(4)：59－61.
③ 李爱梅. 全媒体时代的立体化广告传播模式[J]. 新闻战线，2014(6)：57－58.
④ 郭赫男，闫允丽. 媒介融合时代下新闻生产模式的嬗变[J]. 编辑之友，2014(4)：57－59.
⑤ 严三九，杨娟. 全媒体时代我国媒介全景化生产格局探析[J]. 新闻记者，2011(4)：66－69.
⑥ 张洁. 大数据背景下的媒体融合探析[J]. 传播力研究，2018，2(30)：85.

江苏广电总台“荔枝云”平台的建设为例，分析了大数据在媒体生产全流程中的应用[①]；杨东等提出借助大数据和人工智能技术实现智能全媒体服务，并从内容生产、流通传播、营销管理、成本管理、产品服务创新等方面进行了探讨[②]。在人工智能应用的研究方面，学界主要聚焦于内容生产、分发营销、产业生态等方面，沈浩等对人工智能技术在媒体融合的应用场景进行了分析，并在充分发挥人工智能技术方面提出了加强数据完备性、注重数据安全和隐私等建议[③]；霍婕等分析了人工智能在重塑生产流程、提升消费体验、革新管理模式、推动媒体融合等方面的应用前景[④]；沈浩等分析了人工智能在媒体融合的内容生产、重大活动应用、人机协作等方面的经验，并对后续深化应用提出了建议[⑤]。在5G技术的应用研究中，周文韬等从丰富产品矩阵、构建生产流程、确立运营思维等方面探讨了5G重塑媒体产业生态的可能性[⑥]。

8. *关于加强人才培养和提高传播力的研究*

金昌龙表达了强化主流媒体在新媒体建设中的主体地位的立场。杨清波结合报纸、广播、电视等传统媒体与新媒体融合的实例，提出传统媒体持续发展是长远大计[⑦]。陈珺强调了媒体融合中加强人才培养、提升传媒传播力的重要性。王猛指出要提高新闻采编人员的综合业务能力、信息资源的发掘能力和策划能力。

值得一提的是，我国高校博士论文选题也能部分反映我国学者对媒体融合研究的重视程度和研究倾向。其中有代表性的包括华中科技大学鲍立泉的《数字传播技术发展与媒介融合演进》[⑧]、浙江大学徐沁的《泛媒体时代的生存法则——论媒介融合》[⑨]、上海交通大学刘强的《融合媒体的受众采纳行为研究》[⑩]、华中科技大学肖叶飞的《媒介融合语境下广播电视经济性规制研究》[⑪]、复旦大学石力月的《从分营到融合：历史视野中的公共性》[⑫]、华东师范大学杨娟的《中国媒介生产融合研究》[⑬]等，他们围绕上述方面进

① 轩献. 大数据在新闻生产中的应用[J]. 现代电视技术，2017(2)：98－101.
② 杨东，张彤. 大数据＋机器智能驱动媒体深度融合和智能进化[J]. 中国报业，2018(19)：98－99.
③ 沈浩，杨莹莹. 人工智能为媒体赋能[J]. 新闻战线，2019(1)：61－63.
④ 霍婕，陈昌凤. 人工智能与媒体融合：技术驱动新闻创新[J]. 中国记者，2018(7)：27－30.
⑤ 沈浩，袁璐. 人工智能：重塑媒体融合新生态[J]. 现代传播(中国传媒大学学报)，2018，40(7)：8－11.
⑥ 周文韬，孙志男. 5G背景下主流媒体融合转型的可能性分析[J]. 新闻战线，2019(3)：66－68.
⑦ 杨清波. “逐梦他乡重庆人”全媒体融合传播探析[J]. 新闻研究导刊，2018，9(1)：1－2，9.
⑧ 鲍立泉. 数字传播技术发展与媒介融合演进[D]. 武汉：华中科技大学，2010.
⑨ 徐沁. 泛媒体时代的生存法则——论媒介融合[D]. 杭州：浙江大学，2008.
⑩ 刘强. 融合媒体的受众采纳行为研究[D]. 上海：上海交通大学，2011.
⑪ 肖叶飞. 媒介融合语境下广播电视经济性规制研究[D]. 武汉：华中科技大学，2012.
⑫ 石力月. 从分营到融合：历史视野中的公共性——基于中英两国广电业与电信业发展的比较研究[D]. 上海：复旦大学，2011.
⑬ 杨娟. 中国媒介生产融合研究[D]. 上海：华东师范大学，2011.

行的研究比较深入和系统，体现出我国青年学者敏锐的研究嗅觉和对其研究方向的把握能力。

通过梳理20多年来国内外媒体融合的研究，笔者了解到国内外学者对媒体融合研究的特点，也发现了现有研究的不足。

西方学者在媒体融合领域的研究有如下几个方面的特点。

(1) 媒体融合研究起步早，美国作为媒体融合的发源地，其媒体融合研究从微观到宏观逐渐展开，概念性、框架性的研究倾向明显。

(2) 研究的视野开阔。媒体融合研究涵盖媒介技术、传媒组织文化、媒体所有权、媒介经营战略、传媒规制、传媒机构变革、传媒职业教育等各个方面。理论研究注重与媒体实践紧密结合，注重将外部社会环境和传媒产业本身的内在环境相结合。

(3) 研究聚焦媒体生产经营的痛点，研究视角立体多元，具有针对性。作为美国媒体立身之本的新闻专业主义和商业主义话题也是媒体融合研究的核心议题①。商业模式、受众(媒介消费者)分析、社交媒体、新技术应用成为媒体融合以来备受关注的研究热点。此外，美国的多元文化氛围造就美国媒体融合中民族志研究十分活跃。

(4) 在研究方法上，讲求质化研究和量化研究并举，量化研究相对较多。

我国媒体融合研究比以美国为首的西方发达国家较晚，但近15年的研究成果无论在数量上还是质量上均有大幅上升的趋势。我国学者的媒体融合研究具有以下几个方面的特点。

(1) 媒体融合的理论研究从最初引进介绍国外媒体融合理论发展逐渐转向以结合中国国情、构建中国特色的媒体融合理论体系为重心，同时关注对他国媒体发展经验和问题以及发展趋势等方面的研究。

(2) 在媒体融合的应用研究方面，从分析总结国外媒体机构媒体融合的实践经验，到聚焦我国媒体自身媒体融合的实际，研究越来越注重问题导向，研究的本土意识越来越强。

(3) 媒体融合研究的政策导向明显。对媒体融合政策的解读和研究为学界所重视。传媒政策研究、新媒体治理、舆情研究、传媒发展战略和发展模式成为媒体融合研究的重要内容。与新媒介技术应用相关的前瞻性研究也十分活跃。

(4) 在研究方法上，定量研究较以前增多，但仍以定性研究为主。

基于文献梳理、实地考察和访谈还发现，媒体融合研究主要存在两点不足之处。一是领域内已有的理论体系不足以解释所在领域发生的新情况、新变化，理论研究相对滞

---

① 刘结玲.媒介融合研究新进展综述[J].中国传媒科技，2013(4)：1-2.

后于产业发展实践。以媒体融合中数字时代的媒体商业模式创新、媒体与消费者的新型互动合作关系的创建为例，它们是关系媒体数字时代生存和发展的关键。关于数字时代的媒体商业模式的创建和媒体与消费者的新型互动合作关系的创建这两个问题，中西方传媒学界和业界仍然在努力探索攻克。二是跨学科交叉研究的力度和深度不够。虽然出现了新闻学、传播学与经济学、语言学、心理学、法学、计算机科学、营销管理学等学科的交叉研究，但是不同的学科思想理论之间的相互渗透、贯通在力度和深度上明显不足。不同学科知识之间的割裂现象仍然广泛存在，不利于立体复合型研究理论体系的创建。在媒体融合研究中，技术融合、内容融合、管理融合、规制融合、产业融合以及受众分析、传媒伦理问题等的研究越来越需要新闻学、传播学与以上提及的其他学科理论知识的交叉运用，才能解决媒体融合涉及的复杂问题。

二、价值共创的研究现状

国外关于价值共创的研究已有近 20 年的历史，Wikström 在 1996 年提出了共同生产的概念，即顾客是企业生产的资源，是企业的共同生产者，这是价值共创早期思想的萌芽[①]。Ramírez 在 1999 年提出顾客参与价值生产，从这一时期开始价值共创的概念呼之欲出，但仍处在商品指导逻辑的范畴之内[②]。

（一）国外的价值共创研究

真正进入价值共创的理论研究，要从消费体验主导逻辑、服务主导逻辑等概念的提出开始。在价值共创研究中，其研究视角经历了基于消费体验主导逻辑、基于早期服务主导逻辑、基于服务逻辑、基于服务科学、基于服务生态系统等五个阶段的演进。Prahalad 等分别于 2000 年和 2004 年陆续提出了消费体验主导逻辑的价值共创的观点，认为消费者对产品和服务的体验是价值的基础，通过消费者和企业的互动才能实现价值共创[③④]。价值共创体现在消费者体验的整个过程。

Vargo 等于 2004 年提出了服务主导逻辑的理念，认为所有经济均为服务经济，服

---

① Wikström S. The customer as co-producer[J]. European Journal of Marketing, 1996, 30(4): 6-19.

② Ramírez R. Value co-production: intellectual origins and implications for practice and research[J]. Strategic Management Journal, 1999, 20(1): 49-65.

③ Prahalad C K, Ramaswamy V. Co-opting customer competence[J]. Harvard Business Review, 2000, 78(1): 79-87.

④ Prahalad C K, Ramaswamy V. The future of competition: co-creating unique value with customers [M]. Boston: Harvard Business School Press, 2004.

务的价值是由顾客决定并共同创造的[①]。其提出了服务主导逻辑的基本命题，先后经三次修订从一开始的8个增加到最后的11个，其中大部分命题都是针对价值共创的[②]。2008年，Grönroos提出服务逻辑的概念，对服务的定义进行了更新，他认为服务是在顾客日常生活中实现价值创造的互动过程，企业通过进入顾客的日常生活与顾客互动实现共同的价值创造[③]。同年，Maglio等提出服务科学的概念，指出服务科学研究服务系统之间的演进、互动和价值共创，并认为在服务系统中互动和交换是为了共同创造价值[④]。

在目前互联网迅猛发展、产业生态相互交融的大背景下，服务生态系统视角的价值共创研究成为非常重要的研究视角[⑤]。自从Vargo和Lusch于2010年提出该概念后，学者们进行了深入而广泛的研究，比较集中的有Vargo、Lusch、Chandler、Nambisan、McColl-Kennedy等。

国外在关于价值共创理论的研究方面和国内研究比较同步，但实证和理论应用的研究与国内相比则相对较少。Tung等对音乐创作中音乐制作者与粉丝价值共创的协作机制进行了研究[⑥]。Tsresa等对从事体育产业的企业与作为特殊消费者的体育明星基于社交网络的价值共创模式进行了探讨[⑦]。

(二) 国内的价值共创研究

我国的价值共创研究起步较晚，一开始是引入国外价值共创理论，对其进行梳理和分析，之后是对价值共创理论研究进行有益的尝试，并将价值共创理论与我国各行业的发展进行有机结合。特别是近几年来，随着经济发展、互联网的广泛使用，价值共创在大部分行业得到了实证，案例的研究也越来越丰富。

---

① Vargo S L, Lusch R F. Evolving to a new dominant logic for marketing[J]. Journal of Marketing, 2004, 68(1): 1-17.

② 简兆权，令狐克睿，李雷. 价值共创研究的演进与展望——从"顾客体验"到"服务生态系统"视角[J]. 外国经济与管理，2016, 38(9): 3-20.

③ Grönroos C. Service logic revisited: who creates value? and who co-creates? [J]. European Business Review, 2008, 20(4): 298-314.

④ Maglio P P, Spohrer J. Fundamentals of service science[J]. Journal of the Academy of Marketing Science, 2008, 36 (1): 18-20.

⑤ Vargo S L, Lusch R F. From repeat patronage to value co-creation in service ecosystems: a transcending conceptualization of relationship[J]. Journal of Business Market Management, 2010, 4(4): 169-179.

⑥ Tung W F, Yuan S T, Wu Y C, et al. Collaboative service system designs for music content creation[J]. Information Systems Frontiers, 2014, 16: 291-302.

⑦ Tsresa Tiago, Flávio Tiago, Sandra Dias Faria, et al. Who is the better player? Off-field battles on Facebook and Twitter[J]. Business Horizons, 2016, 59(2): 175-183.

1. 价值共创基础理论的描述、阐释和建构性研究

武文珍等系统性地对国外有关价值共创的基础理论进行了梳理，就消费者体验视角和服务主导视角的价值共创进行了较为详尽的比较，并分别对生产者逻辑和消费者逻辑的价值共创过程进行分析，尝试构建了相应的价值共创过程模型①。李朝辉等在国外价值共创理论的基础上，对理论界在生产领域和消费领域对价值共创的研究进行了梳理和介绍②。钟振东等在服务主导逻辑的基础上，对企业和消费者在价值共创中的角色定位进行了分析，通过使用价值的共创过程，探索性地提出了价值共创的概念模型。武文珍详细分析了顾客在价值共创中的不同角色变换，并据此提出了企业营销战略调整的建议③。胡观景等就价值共创的商品主导逻辑、服务主导逻辑和顾客主导逻辑等三种逻辑的演进进行了系统对比，进而分析了生产领域、交互领域和消费领域的价值共创④。而简兆权等对价值共创研究视角的演进进行了更完整的分析，在服务主导逻辑的基础上，拓展了多个理论视角，包括服务逻辑、服务科学和服务生态系统视角，并对各视角从价值、共同、创造三个核心理念回答"what""who""how"的问题上进行了对比分析⑤。综合这些学者的研究，基本可以了解国内价值共创理论的进展情况。与此同时，这些学者对未来价值共创的研究方向也都给出了建议，共性的包括清楚界定价值共创的概念，系统研究价值共创的动机、过程及结果，研究消费者与企业价值共创的实现途径、消费者参与价值共创的机制、企业促进消费者价值共创的战略与策略等。相对个性化和与时俱进的研究建议包括：胡观景等建议充分利用现代信息技术构建多方利益相关者之间的价值共创体系，简兆权等提出基于大数据、互联网环境开展服务生态系统价值共创的研究，他们的建议充分认识到了新技术对价值共创带来的巨大变化，也非常敏锐地指出了下一阶段价值共创的研究重点。

在价值共创理论应用研究方面，杨学成等提出了柔性价值网的概念，柔性价值网是一个由线到面进而到立体的价值共创演进理念⑥。在手机研发、生产和营销的价值创造垂直链条（线）基础上，哈佛商学院 Sviokla 和 Rayport 教授提出了基于市场场所和市场

---

① 武文珍，陈启杰. 价值共创理论形成路径探析与未来研究展望[J]. 外国经济与管理，2012，34(6)：66－73，81.

② 李朝辉，金永生. 价值共创研究综述与展望[J]. 北京邮电大学学报（社会科学版），2013，15(1)：91－96.

③ 武文珍. 顾客角色转变下的营销战略调整[J]. 上海电机学院学报，2013，16(5)：285－291.

④ 胡观景，袁亚忠，张思，等. 价值共创研究述评：内涵、演进与形成机制[J]. 天津商业大学学报，2017，37(2)：57－64.

⑤ 简兆权，令狐克睿，李雷. 价值共创研究的演进与展望——从"顾客体验"到"服务生态系统"视角[J]. 外国经济与管理，2016(9)：3－20.

⑥ 杨学成，陶晓波. 从实体价值链、价值矩阵到柔性价值网——以小米公司的社会化价值共创为例[J]. 管理评论，2015，27(7)：232－240.

空间的价值矩阵概念，杨学成等进而在此基础上将用户链接驱动、与用户互动驱动以及重构驱动等三个驱动因素融入价值矩阵中，形成了立体的柔性价值网这一价值共创模型。这一理论模型对互联网新形势下价值共创的新形态进行了及时的总结和提炼，为后续价值共创的应用提供了较好的理论依据。江积海等对商业模式创新在细分场景背景下的价值共创进行了研究，以场景价值创造为目标，从价值创造的价值主张、主体和过程三个方面来锚定商业应用场景动因，以顾客为中心，在特定场景下将产品服务、顾客潜在诉求（包括生活和情感诉求等）进行耦合，进而激发消费行为，在互联网背景下建立基于情感的强连接以实现价值共创①。相对于柔性价值网提供了行业价值共创的理论依据，商业模式创新的场景价值共创则为企业聚焦现实的价值共创提供了方法论。当然，这两个理论发展都还有待在后续实证应用中进一步完善。

在利用价值共创进行商业模式创新方面，杜兰英等将顾客角色也放入商业模式创新的研究中，突破了传统商业模式的局限，建立了基于价值共创的商业模式创新路径，打造视野更为开阔的创造企业和消费者共赢的商业价值②。霍艳芳等尝试采用数学分析方法，通过样本分析研究价值共创与创新型商业模式的关系，为这一研究领域提供了参考依据。

2. 服务行业的价值共创实践研究

湛军通过分析国外自 1996 年以来 10 年时间里服务创新的研究成果，提出要基于价值共创和消费者体验的“由外而内”的角度进行服务创新③。狄蓉等在服务主导逻辑的基础上，通过建立服务型企业协同创新系统来分析价值共创，在环境评估、合作关系、知识协同、拓展沟通网络、合作创新模式、多主体协同创新等方面提出了建议④。周文辉等以案例研究的方法，研究了研发服务企业与中小制造企业间价值共创的“观念共识、价值共生、价值共赢”的三阶段价值共创过程模型⑤。

3. 制造行业的价值共创实践研究

杨学成等以汽车行业为例，提出了基于体验营销的价值共创机理，具体为充分利用社会化媒体在体验营销的关键环节与消费者互动，通过提升客户体验而实现价值共

---

① 江积海，廖芮. 商业模式创新中场景价值共创动因及作用机理研究[J]. 科技进步与对策，2017，34(8)：20－28.
② 杜兰英，钱玲. 基于价值共创的商业模式创新研究[J]. 科技进步与对策，2014，31(23)：14－16.
③ 湛军. 国外服务创新研究演变历程及其对中国的启示[J]. 上海大学学报(社会科学版)，2017，34(5)：79－93.
④ 狄蓉，徐明. 服务主导逻辑下服务创新价值共创机理及对策研究[J]. 科技进步与对策，2015，32(7)：33－38.
⑤ 周文辉，曹裕，周依芳. 共识、共生与共赢：价值共创的过程模型[J]. 科研管理，2015，36(8)：129－135.

创[①]。张朝辉等以 Local Motors 为例，深入研究了使用社会化媒体建立全球网络社区，整合社区资源在产品设计、研发、生产和销售等关键环节发挥作用，实现企业与消费者的价值共创[②]。

徐鹏杰以“韩都衣舍”这一互联网时尚服饰品牌为例，分析其借助互联网优势和柔性供应链管理构建的竞争优势，向时尚品牌孵化和运营的生态链优势转型，提出了制造业从聚焦价值链运营向聚焦价值共创网络转型的建议[③]。

4. 借助“互联网＋”的价值共创实践研究

在“互联网＋”时代背景下，各行各业的数字化进程明显加速，这大大便利了企业和消费者进行价值共创。学术界对运用“互联网＋”技术和平台实现价值共创进行了研究。铁翠香对“互联网＋”时代的价值共创路径进行了探讨[④]，其认为在互联网时代，产业逻辑必然向用户逻辑转变，并提出了共同设计、网络口碑传播、互联网众筹三位一体的价值共创路径。吴敏等研究了在 Web2.0 环境下，从产消行为的驱动因素、产消行为的影响结果等方面构建产消者价值共创行为的研究框架[⑤]，并提出了科学利用网络技术和产消者进行互动，实现价值共创。

5. 平台经济背景下的价值共创实践研究

在互联网背景下，平台型经济把生产者、服务者、顾客汇聚在一起，构建了新的商业模式，并已成为一种新的经济形态跨行业广泛存在，在此背景下的各方价值共创研究也成了新的研究领域。涂剑波对电子商务平台的价值共创过程和价值创造进行了分析，建议电子商务平台通过功能完善和强化平台管理来提升价值共创效果[⑥]。杨学成等以 Uber 为例，对共享经济平台的价值共创进行了研究，从顾客体验的视角出发，提炼出服务消费的三阶段模型，在此基础上建立了出行平台的价值共创过程模型[⑦]。万兴等在更广的层面，即从数字平台生态系统的角度对价值共创进行了研究，详细分析了三类平台（社区型平台、创新型平台、交易型平台）的特征、平台本身以及平台间价值共创的协同

---

① 杨学成，徐秀秀，陶晓波. 基于体验营销的价值共创机理研究——以汽车行业为例[J]. 管理评论，2016，28(5)：232－240.

② 张朝辉，郭凯，王锦潇，等. 社会化媒体环境中企业与顾客的价值共创链研究——以美国企业 Local Motors 为例[J]. 创新科技，2017(6)：59－62.

③ 徐鹏杰. 互联网时代下企业竞争范式的转变：从竞争优势到生态优势——以韩都衣舍为例[J]. 中国人力资源开发，2017(5)：104－109.

④ 铁翠香. “互联网＋”时代的价值共创路径探讨[J]. 现代传播，2016，38(12)：76－79.

⑤ 吴敏，陈章旺. 基于 Web2.0 的产消者价值共创行为研究框架构建[J]. 物流工程与管理，2017，39(4)：154－158.

⑥ 涂剑波. 服务主导逻辑导向的电子商务平台价值共创研究[J]. 现代商业，2015(1)：60－61.

⑦ 杨学成，涂科. 共享经济背景下的动态价值共创研究——以出行平台为例[J]. 管理评论，2016，28(12)：258－268.

等，总结了现有生态系统价值共创的特点，并对后续平台生态系统价值共创的研究方向提出了建议①。

6. 媒体融合中的价值共创实践研究

国秋华等对融媒产品的价值共创中的动因、过程和结果进行了分析，提出通过柔性价值网络三要素、跨界连接协同分享来实现媒体产业的增值能力②。

通过梳理相关文献发现，国内外价值共创研究在研究动向上存在差别：价值共创的概念和理论体系是由西方学者首先提出和建构起来的。以美国为首的西方学者在价值共创研究上更侧重理论发展研究，强调理论假设推导，相关理论研究成果丰富。中国学者更侧重价值共创应用研究，应用研究方面的成果更为丰富。

国内外价值共创研究的相同之处主要体现在研究价值共创的学者主要来自营销管理学、经济学领域。中西方学者在价值共创的概念性、框架性研究方面基本达成共识，形成相对稳定的价值共创理论思想范式。价值共创是近十年来中西方营销管理学领域的热点话题，其理论体系日趋成熟。目前，中西方价值共创研究进展基本同步，创新生态系统的价值共创研究成为中西方学者备受关注的焦点议题。

价值共创的应用研究主要聚焦于电子商务、制造业、服务业等商业领域。笔者认为，作为文化创意产业的传媒业，具有与制造业、服务业类似的生产属性和服务属性（虽然传媒业生产提供的是精神文化产品），也可以被纳入价值共创研究的视野。以消费者为中心，以提升消费者体验为导向的企业与消费者互动合作、共创价值的思想可以尝试嫁接到媒体融合理论体系中，用于指导媒体与消费者的价值共创实践。将价值共创理论应用于媒体融合场景下是可行的，媒体和消费者的价值共创研究可能是媒体融合研究的一个新方向与新视角。

在当前的融合实践中出现了媒体与消费者互动的新迹象，但仍处于萌芽状态，处在技术操作层次。有极少数学者发文对这一现象展开探讨，但研究的范围为局部领域，研究并没有上升到媒体与消费者价值共创这个理论探讨层面。因此，将价值共创理论应用于媒体与消费者互动共赢的系统研究将是一个全新的领域，相信媒体融合理论研究有了价值共创理论思想的融入，媒体与消费者的共创价值研究将步入快车道并有力地推动媒体融合的发展，这值得业界学者予以高度关注。

---

① 万兴，邵菲菲. 数字平台生态系统的价值共创研究进展[J]. 首都经济贸易大学学报，2017，19(5)：89－97.

② 国秋华，吴菡. 浅析融媒产品的价值共创[J]. 出版发行研究，2018(5)：70－74.

第四节 研究问题和研究目的

本书以媒体与消费者价值共创的生态研究为切入点，总结梳理国内外传媒环境的发展状况以及媒体融合的历程，并探讨媒体的融合创新实践，用以揭示媒体融合的特点、发展规律及演进趋势。从宏观和微观上充分认识媒体与消费者价值共创所处的特定生态以及驱动因素。在此基础上，本书重点从价值共创主体、实现路径、平台和通信网络等方面研究媒体融合中媒体与消费者的价值共创。

开展媒体与消费者价值共创研究，不仅是为了解决有关媒体融合和价值共创理论认识方面的问题，更重在将理论认知应用于指导我国媒体融合的实践，解决我国媒体在媒体与消费者价值共创中存在的问题。

一、研究问题

研究问题来源于对国内外媒体进行实地调研时发现的问题，以及对在知网、SAGE Social Science & Humanities Package 数据库收集的文献资源的分析和思考。围绕媒体与消费者价值共创的背景及成因、媒体与消费者价值共创的核心方面，提出以下问题。

（一）探讨媒体与消费者价值共创的背景及成因

具体要解决的问题包括：

（1）有哪些重要因素导致媒体和消费者价值共创？

（2）媒体在媒体融合演进过程中的创新实践对媒体和消费者价值共创发挥什么作用？

（二）探究媒体融合中媒体与消费者价值共创的多方面问题

本书从价值共创的主体、路径、平台与通信网络等方面着手提出问题、研究问题。

关于价值共创的主体——媒体与消费者，具体要研究的问题包括：

（1）媒体与消费者为什么要进行价值共创？换句话说，作为价值共创的主体，媒体组织开展价值共创的逻辑是什么？作为价值共创的另一主体，消费者进行价值共创的动机何在？

(2) 媒体和消费者价值共创有哪些特点?

(3) 媒体与消费者在价值共创中分别具有怎样的角色功能? 媒体与消费者共创了什么样的价值?

关于媒体与消费者价值共创的路径,具体要研究的问题包括:

(1) 媒体与消费者通过哪些路径进行价值共创?

(2) 媒体与消费者在不同路径上如何进行价值共创?

(3) 在不同的路径上,媒体与消费者的价值共创是如何形成、实现和提升的?

关于媒体与消费者价值共创的平台与通信网络,具体要研究的问题包括:

(1) 媒体与消费者价值共创的平台有哪些?

(2) 这些平台有哪些共性?

(3) 媒体与消费者如何利用这些平台进行卓有成效的价值共创?

(4) 通信网络如何支撑媒体与消费者价值共创?

必须强调的是,围绕媒体与消费者价值共创的主体、路径、平台与通信网络三大方面的问题是本书要重点研究的内容。

二、研究目的

本书聚焦媒体与消费者价值共创研究,首先考虑到国内外媒体融合理论和实践环境。美国有发达的传媒产业群,产业化发展历史可以上溯到20世纪60年代,传统商业媒体和新媒体并驾齐驱的发展竞争由来已久,已形成发展形态多样、发展模式多元的产业格局。美国传媒产业和传媒学界一直沿袭产、学、研紧密结合的传统,产、学相长,与时俱进,丰富学界的研究成果,并为传媒产业的发展提供具有针对性的、系统的理论支持。其次,较其他国家的传媒发展,美国传统媒体转型与新兴媒体融合发展起步较早,媒体融合成败的典型案例较多,其经验教训值得我们分析、总结,形成系统规律性的思路,为我国媒体融合的实践所用,可以使我国媒体融合少走弯路。最后,研究美国媒体发展的趋势也能为我国传媒发展方向提供参考借鉴。

本书从传媒技术、传媒市场环境、传媒规制、媒体融合发展历程、媒体融合创新实践等多个角度介绍中外媒体融合,对它进行审慎的归纳总结。然后从价值共创主体、角色定位、价值共创路径、价值共创平台、价值共创的通信网络等多个角度对媒体融合中媒体与消费者价值共创进行系统研究。本书旨在借鉴中外媒体的经验和教训,从中外媒体融合实践中把握媒体融合的本质规律、发展趋势和主要着力点,为处在媒体融合深化阶段的我国媒体与消费者价值共创实践提供参考。

本书运用跨学科思维，对媒体融合和价值共创相关概念的剖析、基本理论思想的阐释以及思辨性分析，有助于进一步认知媒体融合和价值共创。本书将营销管理学的价值共创理论应用到媒体与消费者价值创造的研究中，提供了新的研究视角，基于价值共创的研究框架，创建了价值共创分析模型，有利于更加系统地认识媒体融合中价值共创的现象和问题，揭示其本质规律。这对其他学者进行相关理论研究有一定的启示作用。

简而言之，本书旨在为国内学者进一步了解媒体融合和价值共创的研究提供参考，为解决我国在媒体融合背景下媒体与消费者价值共创的实际问题提供理论依据和经验借鉴。

第五节 主要内容和研究框架

本书以媒体与消费者价值共创为重点研究对象，从五个方面对媒体融合中的媒体与消费者价值共创进行了系统深入的研究，即媒体融合发展状况、媒体与消费者价值共创主体、媒体与消费者价值共创的实现路径、媒体与消费者价值共创平台、媒体与消费者价值共创的通信网络。本书围绕这些方面，提出研究问题，确立研究框架，具体分章节探讨。

一、主要内容

本书共分为七章。第一章是绪论部分，介绍研究缘起，进行核心概念界定及文献综述，指出研究问题、研究目的、主要内容、研究框架、研究方法和创新点。

本书在核心概念“媒体融合”和“价值共创”的界定及其基础理论阐释部分，从学理上认知媒体融合。在介绍和评述国内外学者对“媒体融合”概念界定的基础上，提出对“媒体融合”的见解；总结了媒体融合的五大特性，即高目标性、快速迭代性、开放协作性、统合综效性和互动依赖性；探讨了媒体融合的逻辑，包括技术逻辑、平台逻辑、文化逻辑、关系逻辑；比较分析了相关概念，包括媒体融合与媒介融合、传统媒体与新兴媒体、新媒介与旧媒介等概念之间的关系和区别。通过对这些概念的描述、比较、分析，更加准确、全面、深入地认知媒体融合的含义。此外，本书还从学理上认知“价值共创”的概念及其理论思想内核。价值共创是来源于经济学、营销管理学的重要概念，是该领域近十年来的研究热点。笔者梳理了国内外学者对“价值共创”概念多角度的界定和描述，对“价值共创”的三大主流理论，即消费者体验主导逻辑的价值共创、服务主导逻辑的价值共创和顾客主导逻辑的价值共创进行了具体的阐释。“媒体融合”理论和“价值共创”理论是本书研究媒体融合中媒体与消费者价值共创的重要思想来源，是确立本书研究框架和创建价值共创分析模型的重要理论依据。

第二章分析、推理媒体与消费者价值共创的背景、成因及重要驱动力。本书以媒体融合为切入点，首先分析了媒体融合的国际环境和国内环境、发展历程以及不同时期的传媒发展战略；随后以美国《纽约时报》、《华盛顿邮报》、CNN、CBS等作为媒体融合的典型代表，研究这些老牌传统媒体在媒体融合中的创新实践；探讨了媒体创新的动机、特点，以及它们在技术、组织、内容和商业模式四个方面的创新；指出媒体的创新为其发展注入了新的生机活力，积累了未来竞争的优势；对媒体的融合创新的影响予以客观的评价，对我国媒体融合中创新提出了中肯的建议和对策。媒体融合为媒体与消费者价值共创提供了基于“平等对话、交流、开放、互通、共享”的指导原则和必要环境条件，而融合创新实践则是媒体与消费者价值共创的重要驱动力。

第三章到第七章重点对媒体融合中的媒体与消费者价值共创进行了系统性的研究探讨。媒体和消费者的价值共创，凸显了在以数字化、智能化为特征的传媒时代，媒体由以媒体组织生产为中心向以提升消费者体验为中心、以媒体为主导向以消费者体验为主导的经营观念转变，媒体和消费者价值共创创建了新型受众关系、产消关系，促进了媒体与消费者的融合。

第三章是关于媒体融合中媒体与消费者两个价值共创主体的研究。该章研究分析媒体价值共创的逻辑、消费者参与价值共创的动机以及媒体与消费者在价值共创中的角色和功能。

第四章是关于媒体融合中媒体与消费者价值共创的路径研究。该章构建了媒体与消费者价值共创的路径研究框架，并分别研究分析了内容生产、内容分发营销和内容开发创新三个路径中媒体的角色、消费者的角色以及媒体和消费者互动合作的价值共创过程。

第五章是关于媒体融合中媒体与消费者价值共创的平台与通信网络研究。该章分析研究媒体自主研发的开放平台系统、入驻第三方开放平台系统和媒体组建的线上线下社群平台是如何支撑媒体与消费者价值共创的，并研究了通信网络运营商在媒体与消费者价值共创中发挥的作用。

第六章是关于媒体融合中加强新媒体治理的研究。媒体融合有其工具理性强大的优势的同时，也有诸如算法推荐等带来的价值理性的缺失。该章重点分析研究如何加强新媒体治理以改善和消解媒体和消费者价值共创带来的负面影响。

在本书中，对媒体融合的整体发展状况的概述属于宏观层面的研究。本书还从以下微观层面进行了研究。一是媒体融合中的创新。研究着眼于媒体组织内部层面，它构成本书媒体融合研究的一个维度。二是媒体融合中的媒体与消费者价值共创。研究着眼于媒体组织与外部相互作用的层面，从媒体组织单一生产传播主体向多元生产传播主体的转变，是本书媒体融合研究的另一个维度，这也是本书研究的重点。对这两个维度进行研究，一方面有助于更系统地展现媒体融合的特点和发展趋势；另一方面是基于两者之间存在的内在逻辑关联，即媒体的创新促成媒体自内而外的变革，媒体的创新更重在体现媒体本身的能动性，媒体与消费者的价值共创强调的是媒体之外以消费者为价值共创主体的能动因素对媒体施加的作用和影响，从而促进媒体内部传媒经营生产观念、工作方式的调整和转变。创新、价值共创是媒体融合中的两种突出变化形态，它们形成合力，共同致力于推动媒体融合发展，促进媒体数字发展战略、商业模式的创新，打造媒体未来核心竞争力。三是新媒体治理构成本书研究的第三个维度。

第七章是结论部分，回顾了本书的主要内容并提出了未来研究的设想。

二、研究框架

本书以对媒体融合的探讨为起点，从宏观和微观两个层面进行剖析探讨。在宏观层面，总结梳理了媒体所处的国内外传媒环境、媒体融合的整体发展状况和发展历程，从中探索媒体发展的特点、规律和发展趋势。在微观层面，考察分析了媒体融合进程中媒体组织内部的融合创新实践。本书在此基础上，创建媒体与消费者价值共创模型，探讨媒体与价值共创的其他四个方面：媒体与消费者价值共创的主体、媒体与消费者价值共创的平台、媒体与消费者价值共创的通信网络、媒体与消费者价值共创的新媒介治理。

第六节 研究方法和创新点

为了开阔研究视野和充实理论思想，获取丰富、鲜活的案例，也为了从多角度提供客观研究分析，本书开展了美国媒体和我国媒体实地调研和访谈活动，从中获得了第一手资料，并通过华东师范大学校园网和密苏里大学新闻学院的校园网，详细查阅整理了知网、SAGE Social Science & Humanities Package数据库的文献资源。本书在研究视角、研究方法方面有一定的创新。

一、研究方法

本书采用了文献分析法、深度访谈法、案例分析法、跨学科研究法等多种研究方法。

（一）文献分析法

笔者利用华东师范大学校园网和密苏里大学新闻学院的校园网和图书馆、资料室，以及国内外学术网站、社交媒体、微信公众号等各种途径，尽可能全面地收集媒体融合的相关文献资料，然后对所收集的文献内容进行筛选、分类、整理。笔者通过参阅整理文献资料，一方面详尽了解其他学者已做的相关研究，从中发现研究美国媒体融合的可行性，确定以美国的媒体融合作为本书研究背景；另一方面，对媒体融合形成整体印象和清晰的认识，组织梳理媒体融合素材，掌握本论题的研究现状和趋势，从而初步确定以媒体融合中的媒体与消费者价值共创为研究重点。在此基础上，提出问题和假设，初步确定具体的研究方向，为随后的实地考察和访谈做好准备。

（二）深度访谈法

笔者在美国密苏里大学新闻学院访学一年期间，实地考察了密苏里大学新闻学院自营的媒体（报纸、广播、电视台）和一些美国媒体公司，如KOMU、Missourian、Seattle Times、Seattle Post-Intelligencer、BreakingNews. com、AMAZON、CrossCut Public Media、Starbucks Newsroom等，并利用各大媒体在密苏里大学新闻学院进行产学交流的机会，以及通过电话、社交平台视频连线、邮件等形式，访谈超过30名媒体专家和从业人员，获得第一手美国媒体融合发展的资料。访谈的对象包括多家美国互联网公司、美国传统媒体和新媒体公司的管理者，媒体编辑、记者、内容监制、产品经理、技术人员，还包括密苏里大学新闻学院的新闻传播学教授和资深媒体人。接受访谈的密苏里大学新闻学院学生也都在KOMU、Missourian从事新闻采编、摄制报道等兼职工作。所有访谈对象都有丰富的媒体从业经历。通过实地考察和深度访谈，帮助笔者进一步了解媒体融合演进过程中美国各类型媒体最新发展动态和发展趋势，有助于更加全面、准确地厘清和分析相关研究问题。

(三) 案例分析法

在收集了大量媒体资料的基础上,本书重点对《纽约时报》、《华盛顿邮报》、CNN、CBS、NBC、USA Today、Netflix、Seattle Times 等新闻媒体机构进行分析研究,这些媒体是媒体融合的创新先锋和媒体融合发展的标杆。基于对这些媒体历史状况和现实状况的文献收集,笔者综合运用历史分析法、观察法以及专家访谈法,对这些媒体在融合进程中的资料进行提炼、分析、综合、比较,透过这些媒体生产经营活动中的现象,总结归纳出这些媒体在融合发展中的内在逻辑、规律和发展特点,从宏观和微观两个方面系统阐释研究问题,进而作出笔者的独立思考和判断,形成个人见解和观点。

(四) 跨学科研究法

本书综合利用新闻传播学、媒介经济学、营销管理学学科理论和大数据互联网思维方法,多角度分析思考媒体融合现象和媒体融合中有关媒体创新、媒体与消费者价值共创问题。从传播学的角度展开研究属于本领域研究,可以用来对要考察的媒体对象进行 5W 模式、融合模式和传播效果的分析,新闻学研究有利于从传播的思想性、艺术性和科学性方面考察媒体融合内容生产,这些属于基本研究。媒介经济学理论则为从产业链的角度分析媒体生产经营环节的创新实践活动提供理论支撑和研究框架。营销管理学价值共创理论为分析媒体融合中媒体和消费者的价值共创提供理论依据和研究框架。本书涉及的主要问题研究无一例外地融入了互联网思维。

二、研究的创新点

本书综合运用营销管理学的价值共创理论和媒体融合理论对媒体和消费者价值共创进行系统研究。从问题的提出到新的研究框架构建,再到价值共创问题的解决,努力尝试从新视角、新维度、新路径系统地研究和解决问题,研究过程中还运用了跨学科知识和互联网思维。以下围绕这三个创新点展开说明。

其一,"媒体与消费者价值共创"意在提供媒体融合研究的新视角。本书综合运用媒体融合理论和价值共创理论研究媒体融合中的媒体与消费者价值共创问题,这是一个全新的研究视角。媒体与消费者价值共创在美国是近年才出现的现象,我国媒体在其生产经营实践中也开始酝酿或初步尝试这种做法。在理论探索方面,价值共创理论源于经济管理学领域,新闻传播学者对价值共创相关问题的关注和研究不多也不够深入。关于媒体融合的研究绝大多数也限于传播学的视野。本书观照当今媒体融合的实际情况，指出媒体与消费者价值共创是当今媒体融合深度发展中的新现象；尝试从现象到本质、从宏观到微观多维度系统深入地探讨媒体与消费者价值共创，力图揭示媒体与消费者价值共创与媒体融合的内在关联和因果逻辑，探究它在创建媒体新生产经营模式、价值创造方式、媒体与消费者新型生产传播关系方面所起的作用。作为推动媒体实施数字化发展战略和媒体深度融合的重要着眼点，作为研究媒体融合的新视角，媒体与消费者价值共创值得我们去关注。

其二，尝试设计了媒体与消费者价值共创研究的新框架。本书从宏观和微观上对媒体融合的整体发展状况和发展趋势进行系统分析总结，分析媒体与消费者价值共创的背景、成因和驱动因素。在此基础上，本书设计提出了媒体与消费者价值共创研究的框架，主张从价值共创的主体、路径、平台、通信网络四大重要方面展开系统的研究。本书对价值共创主体的逻辑和动机、主体角色功能、路径和平台，以及通信网络建设、经营和维护等问题鲜明地提出了独特的见解和主张。

其三，提出了媒体与消费价值共创的新路径。本书在建构媒体与消费者价值共创分析模型的基础上，系统论述媒体、消费者作为不同价值共创主体从内容生产、分发营销、创新研发这三个不同路径进行互动合作、实现价值共创的全过程。并提出将内容生产、分发营销、开发创新环节作为创新媒体生产经营模式和价值创造方式，构建媒体与消费者良好关系的新路径，打造媒体与消费者价值共创形成、实现、提升的环路。

另外，本书还综合新闻传播学、媒介经济学、营销管理学、语言学等学科理论，并运用互联网思维，以一种较新的思路对媒体融合问题和媒体与消费者价值共创问题进行多角度、多层面的深入研究。在揭示媒体融合的本质规律、媒体融合创新的内涵，分析媒体融合未来发展趋势、媒体与消费者价值共创的原理等方面，本书也提出了独到的见解。

第七节　本章小结

本章阐述了研究缘起、研究问题和研究目的，介绍了本书涉及的核心概念和基本思想理论，介绍了研究的主要内容和框架，提炼了本书采用的主要研究方法和创新点。

本章对媒体融合、价值共创这两个概念进行了理论梳理。“媒体融合”是当下全球范围内传媒组织和新闻机构正在努力打造的传媒工程。媒体融合涉及技术融合、平台融合、内容融合、渠道融合、组织融合、文化融合等多个层面，它们体现了不同传媒组织机构的战略取向，以及不同媒体在特定时期发展的着力点和努力方向。研究认为应该把不同层面的融合有机结合才能构成真正的媒体融合。由于传媒自身发展条件和外在环境因素的复杂多变，决定了每个媒体经历媒体融合过程的曲折性和不确定性。媒体融合系统是一个不断形成和重塑的易变系统，是一个不断动态发展的开放系统。在此基础上提炼出媒体融合的五大特性，即高目标性、快速迭代性、开放协作性、统合综效性和互动依赖性等。

关于价值共创理论，本书介绍了营销管理学领域对价值共创的概念界定，并分析了其构成要素（包括主体、路径、异质资源、关系网络等），进而对价值共创的主流思想理论范式，即消费体验主导逻辑、服务主导逻辑、顾客主导逻辑三个方面的范式进行了梳理和评述。价值共创理论对于培养和强化媒体的用户思维，创建以用户为导向、注重用户体验的新媒体商业模式和未来发展战略来说是一个很好的启示。价值共创理论也为研究媒体融合中媒体与消费者价值共创问题提供了新思路。但管理学价值共创理论并不可能涵盖解释媒体融合实践中具体的价值共创机制问题。对涉及价值创造的逻辑、动机和方式路径、互动合作环境条件等因素的考察，我们有必要将它们放在传媒框架系统下进行具体研究。

本章还重点对国内外媒体融合、价值共创的研究现状进行了分类梳理总结。从文献收集和整理中不难发现，“媒体融合”是近40年来国内外学者密切关注的一个前沿性的课题。作为一个极具现实意义、被高度关注的全新理论研究领域，媒体融合的研究可以从不同的研究视角切入进行探讨。国外的新闻传播学者倾向于立足媒体融合的某个层面进行深入思考和剖析，如美国学者艾因霍恩、海斯伯特对技术融合的思考和研究，澳大利亚学者斯蒂芬·奎恩关于业务融合的研究。国内的新闻传播学者立足于国内外融合案例研究、传媒规制、媒体融合路径等的研究较多[①]，立足于传播学与新闻学专业领域的研究较为普遍。随着中西方学者立足本国媒体发展实践的理论研究不断深入，“媒体融合”研究的视野越来越宽广，从传播技术的融合、传播内容的融合、传播形态的融合、传媒组织文化的融合等角度立足于新闻传播领域的分析探讨，逐步向经济学、管理学、营销学和法学领域拓展，并与之交叉嫁接，研究方向更加立体多元。

通过文献综述发现，我国学者早期对媒体融合的研究主要是对国外媒体融合理论

① 严三九.中国传统媒体与新兴媒体融合发展的现状、问题与创新路径[J].华东师范大学学报(哲学社会科学版)2018,50(1):89-101,179.

的述评和推介，后期比较重视媒体融合理论体系的构建，但在媒体融合概念的界定上仍然众说纷纭，有必要在学术争鸣的基础上达成一个相对的共识①。就目前大多数中国学者有关媒体融合研究的成果来看，其对国内研究的多，对国外研究的相对较少。而且，“大部分学者对媒介融合持过度的赞扬态度，少有考虑出现的问题”②。此外，多数学者对于媒体融合研究更多专注于新闻传播活动本身的微观静态层面，缺乏对传播现实的宏观动态层面的关注；缺少跨学科思维，研究难以涵盖当今互联网技术和大数据、人工智能技术广泛应用的背景下传媒发展新动向和传媒产业发展的新规律。并且研究范式和理论创新方面有待进一步加强。

研究还发现，价值共创是国内外营销学、管理学、经济学领域近十年研究的重要课题，该领域内的理论研究和实践成果颇丰。国内外传媒学界比较重视受众和消费者的行为研究，但从媒体与消费者价值共创的角度进行媒体融合研究的不多，考察传媒实践价值共创现象的学术文章或文献资料更少。通过实地考察国内外媒体可以发现，近二三十年媒体与消费者价值共创的现象在国外媒体融合实践中已经普遍存在，在我国媒体发展中也有不少实践，这与媒体与消费者价值共创在理论研究上的匮乏形成鲜明反差。作为媒体融合向纵深方向演进中的新事物、新现象，媒体与消费者价值共创对媒体实施数字化战略、创新商业模式等方面产生的影响已在媒体的生产经营实践中显现出来，而它对积累媒体未来竞争优势方面的影响也是可以预见的。因此，学界应给予媒体与消费者价值共创更多的关注，并付诸全面系统的研究。

本章确定了以媒体融合背景下媒体与消费者价值共创为研究方向，并列出了在媒体融合和媒体与消费者价值共创的两个方面需要讨论的问题。随后构建了研究框架：以媒体与消费者价值共创的传媒生态环境为起点，在宏观层面，总结媒体发展的特点、规律和发展趋势；在微观层面，分析媒体融合进程中媒体组织内部的融合创新实践。在此基础上，创建媒体与消费者价值共创模型，围绕媒体与消费者价值共创在主体、平台、通信网络等方面进行探讨。

本章还介绍了研究所采取的文献分析法、深度访谈法、案例分析法和跨学科研究法等研究方法以及在研究中的三个创新点，即媒体与消费者价值共创提供了媒体融合研究的新视角、创建了媒体与消费者价值共创研究的新框架以及开展了多维度和多角度的路径研究等。

---

① 董仕衍. 浅析推动媒介内容融合的“第三方”力量[J]. 今传媒，2013，21(12)：55－57.

② 刘结玲. 媒介融合研究新进展综述[J]. 中国传媒科技，2013(4)：1－2.

第二章

媒体组织内部的变革与创新：媒介融合的视角

在数字化转型和媒体融合的演进过程中，传媒产业通过适时调整其发展战略和实施横向扩张、纵深发展、组织内融合创新、组织外合作共赢等多项举措，逐步实现产业发展的两个重大"转变"：由传统的近乎封闭的传媒生产经营逐步向日益现代的、开放协作式生产经营的转变；由传媒单方创造价值向与多方互利共赢、共创价值的转变。伴随这些转变而来的是一种新型的基于平等、互动、合作、互利的生产关系。这些是媒体融合向纵深方向演进的结果，它们通过媒体与消费者价值共创得到鲜明而集中的体现（详见后面章节）。本章探讨媒体资源环境因素对媒体融合的影响以及媒体融合宏观的发展状况和微观的创新实践。

媒体融合是媒体与消费者价值共创的基础和重要驱动力。媒体与消费者价值共创首先孕育于特定的国内外传媒环境之中。以"粉丝经济""维基经济"为特征的"互联网+"时代的到来和互联网技术的广泛应用是媒体与消费者价值共创产生和发展的大背景和重要前提条件。由于互联网的"去中心化"，它不仅为媒体的价值创造赋能，而且为消费者的价值创造赋能。又由于互联网特有的"开放""分享""连接"的特性，媒体与消费者得以在平等交互的基础上共创价值。从这个意义上说，互联网时代和互联网技术为媒体与消费者价值共创提供了赖以存在和发展的社会基础和技术基础，而传媒组织多年的产业化和商业化市场运作模式不断地在强化媒体的大众消费者意识。媒体融合更是为媒体与消费者价值共创提供了不可或缺的基础条件。媒体融合倡导媒体与消费者平等对话、交流、协作、共享的互动合作理念和原则。而媒体融合以消费者为中心，以优化消费者消费体验为导向，以数字订阅优先的数字化发展战略决定了媒体对数字时代消费者的倚重。由于媒体在组织、技术、内容、平台、商业模式等多层面不断进行融合创新，使得以UGC与PGC交互为特征的双向生产成为可能。不仅如此，通过各种融合平台和渠道网络，内容借由消费者以快捷、便利的方式广泛地传播和分享。基于内容的协同生产、分发营销、开发和创新，媒体与消费者得以共创价值。在媒体持续不断的融合创新的作用下，媒体与消费者在不同路径、不同平台、网络环境中的价值共创相应地也会更趋于成熟完善。从这个意义上说，媒体的融合创新是媒体与消费者价值共创实践的强大驱动力。

第一节　全球新媒体环境

自20世纪末以来，伴随着互联网的发展和普及，全球传媒迈向新媒体时代。加快网络数字新技术在传媒中的迭代应用、促进媒体产业发展结构调整、加强海外市场扩张和媒体全球化发展成为以美国为首的西方媒体关注的焦点和努力方向。

一、新媒介技术重塑全球传媒传播生态

论及新媒介技术，首先是互联网技术。互联网最基本、最根本的功能和价值是连接，点对点、端对端的连接构成网，因成网而互通，因互通而相互作用。在互联网这张大网中，所有的一切都变为关联网络上的节点[①]。节点与节点的重新关联和组合建构新的生态。基于互联网技术，移动通信技术、多媒体技术、数字压缩存储技术、大数据技术、算法以及虚拟现实和人工智能技术等进一步对传媒传播生态进行了全方位的重建。

从传播内容的生产发布上看，数字化传播技术将文字、图像、声音、动画、视频重新组合在一起，一方面构建了宏大的多媒体新闻叙事，另一方面内容可以随时、随地、无限海量地以原创或聚合方式生产发布出来。技术的演进和组合重建我们的信息感知系统和认知结构。它使信息传送和接收变得在线、数字化、可视、全景沉浸、更智能、更有互动感，进而赋予传播更多的人性化体验。从传播关系上看，互联网实现了去中心化传播，传者和受者平等参与传播过程。在彼此平等互动中，传者和受者的角色相互频繁地转换，实现传者和受众的价值共创。从传播权力上看，通过网上发布自制内容、上传音

① 霍学文. 互联网的三个本质属性：关系、平台与市场[EB/OL]. (2005－07－14)[2023－11－02]. https://www.01caijing.com/article/982.htm.

频或视频、转发分享、评论、点赞、网络投票等方式，广大的受众被赋予前所未有的民主权益和传播权力。从传播方式上看，一对多的单向传播方式变为一对多或多对多的双向传播。单向传播、多向传播、大众传播、小众传播交融组合构建了立体多元的传播体系。从传播渠道和形态上看，报纸、广播、电视众多传统媒体渠道，以及众多新媒体如门户网站、移动终端应用、社交媒体、自媒体、流媒体的杂糅组合，让信息接收和传送的形态变得立体多元、灵活多样。

由以上可见，新媒介技术正在从速度、规模、尺度上最先引发传播结构和传播方式等的颠覆性变化，然后经过这些结构和方式的变化倒逼传媒组织和机构从生产经营模式到生产传播关系的创新和深刻变革。因此，新媒介技术不仅是包括内容信息生产传播在内的社会生产的必要条件，还是这些产业赖以创新发展的基础[①]。

二、大媒体产业成为全球数字经济的重要板块

伴随着新媒介技术的迅速普及发展，以“互联网＋”形态呈现的数字经济正在席卷全球，传媒产业的结构形态被颠覆和重构。当今大传媒产业形态的出现是当代传媒组织机构、消费者、广告商以及其他产业主体等多方作用的必然结果。大媒体产业是“基于电信业和传媒业的产业融合所形成的跨越传统产业边界、跨越不同国家区域的信息传播产业”[②]，借助先进的传播技术和媒介实现对所有人、所有产业的信息传播服务。

从整体现状来看，全球数字经济的持续扩张和在GDP中的比重快速提升[③]很大程度上得益于大媒体产业的发展。美国在经历20多年的数字化转型后，大媒体产业逐渐由边缘经济走向互联网经济的中心区域。大传媒产业是互联网时代社会需求变化的结果，传媒产业的融合成为必然趋势。

三、全球传媒市场分析

20世纪90年代全球性的传媒商业市场开始形成。以美国为首的西方发达国家作为全球化的最大受益者，利用其在信息技术和网络技术方面的绝对优势，凭借强大的资本实力、成熟的市场营销推广手段，把目光投向国际市场，开拓国际传媒业务[④]，推行全

---

① 崔保国，杭敏，周逵．中国传媒产业发展报告(2018)[M]．北京：社会科学文献出版社，2018.

② 严郁郁．论中国传媒集团文化产业的战略选择——以北京万达文化产业集团为例[J]．现代传播(中国传媒大学学报)，2014，36(4)：118－120.

③ 崔保国，郑维雄，何丹嵋．数字经济时代的传媒产业创新发展[J]．新闻战线，2018(11)：73－78.

④ 胡正荣，李继东，唐晓芬，等．全球传媒发展报告(2015)[M]．北京：社会科学文献出版社，2015.

球化传媒发展战略。1999年，在国际传媒市场的九大传媒巨头中，属于美国的传媒集团就有五家，即时代华纳、迪士尼、维亚康姆、AT&T、通用电气。这些国际传媒集团拥有全球电影生产、电视剧制作、书籍与新闻出版等产业。不仅如此，其还控制了在自己国内的传媒内容生产和分销渠道。例如，好莱坞制片商生产制作的电影和电视内容，不仅在国内市场交易中获利，而且通过各种翻译版本分销到世界各国，从中获得巨额利润。美国传媒集团也没有放慢对外扩张的步伐。新闻集团除了征战国内市场外，它的传媒产业还远涉亚洲、欧洲、大洋洲、拉丁美洲，它控股40%的英国报纸、2/3的澳大利亚报纸，在拉丁美洲通过卫星播送150套节目，在欧洲有天空电视台，在印度有EETV，在亚洲有超过40个电视频道向53个国家和地区的3亿人播出各类文娱节目。纽约时报公司的《国际先驱论坛报》在全球180个国家和地区发行[①]。美国国际数据集团（International Data Group, IDG）作为全球最大的IT传媒集团，在世界85个国家拥有报纸、杂志和网络[②]，其中包括中国市场。早在2004年，IDG在中国的报刊发行达36种，营收8 000万美元[③]。《今日美国》的母公司甘奈特公司在2004年不仅成为美国第一大报纸出版商，还在英国全资拥有17家日报，另外发行一批周报，成为英国第二大报纸出版商。[④]

除了美国的传统传媒产业之外，新兴的互联网公司和新媒体公司同样雄踞全球市场首位。Netflix公司在全世界范围内的用户数接近2.5亿户，其中2/3是美国以外的国际用户[⑤]。Google公司的业务范围更加广阔，其经营范围跨越全球2/3的国家和地区，仅搜索引擎业务的世界份额就达到93%。2022年统计数字表明，Facebook的用户总数达到29亿户，海外用户数高达27.3亿户[⑥]。

第二节　美国的传媒环境

全球范围的媒体并购、资本运作、传媒规制、传媒市场等因素对媒体融合起到促进

① 本书作者对雷诺兹新闻研究所项目主任Steffens Brian的访谈，2016-04-06.

② 张晓明，刘刚. 国外传媒业发展现状与趋势研究[EB/OL]. [2016-02-26]. http://www.docin.com/p-1468229481.html.

③ 本书作者对时任Smithsonian Networks媒体的项目研发经理Chris Hoelzl的访谈，2016-02-05.

④ 本书作者对甘奈特公司《今日美国》实验室主任Kevin Poortinga的访谈，2016-03-21.

⑤ 2023年全球搜索引擎排名/全球搜索引擎市场份额[EB/OL]. [2023-09-30]. https://www.uedbox.com/post/69050/.

⑥ 海外社交媒体用户统计数据（2023）[EB/OL]. [2023-08-21]. https://baijiahao.baidu.com/s?id=1770741780896288017&wfr=spider&for=pc.

作用，它们的相互作用为媒体融合提供了有利的发展环境。

一、并购浪潮下的传媒集团化发展助推媒体融合

美国在进入自由资本主义发展时期，企业的合法地位已经完全确立[①]。随着金融市场迅速发展壮大，一些大的成功企业很快积累大量资本，其把资金大量投向传媒市场，并希望获取尽可能多的投资回报。从 20 世纪 90 年代起，美国掀起了传媒史上第五次并购狂潮。美国报业和各大电视网纷纷加入并购的行列以实现产业整合、规模化发展，做大做强区域市场[②]。在这一时期，各方资本介入传媒市场、媒体公司并购与上市，为美国传媒快速发展提供了强大的动力，加之美国传媒政策法规继续松动，1996 年美国电信法的实施为美国超大型综合传媒集团的形成起到很好的推动作用。

在经济学中，并购是实现低成本扩张、促使企业自身获得快速成长的一条有效捷径。正如美国经济学家乔治·斯蒂格勒所言，"兼并竞争对手是美国企业发展壮大的常见途径，美国的知名企业深谙企业兼并之道"[③]。1990 年 1 月 10 日，时代公司（Time Inc.）与华纳传播正式合并为时代华纳，成为当时全球最大的传媒娱乐公司。1996 年，时代华纳以 76 亿美元的价格收购风头正劲的 CNN 母公司特纳广播（Turner Broadcasting System，TBS），集印刷媒体、卫星电视、无线广播电视及有线电视于一体，成为当时世界上最大的传媒集团[④]。1996 年，迪士尼以 190 亿美元收购 ABC，其拥有全球最大的体育媒体 ESPN 80%的股份，转变为以内容为主并拥有传播渠道的传媒集团。表 2-1 为 2004—2008 年美国媒体并购状况。

表 2-1 2004—2008 年美国媒体并购状况[⑤]

B2C 类别	品 牌 名 称	收 购 公 司
社交网络	聚友网	新闻集团
移动内容	Jamba	新闻集团
游戏	IGN 娱乐	新闻集团

---

① 王海，李慧滕子. 美国传媒集中化成长方式概述[J]. 安阳工学院学报，2007(2)：107-111.

② 本书作者对雷诺兹新闻研究所项目主任 Steffens Brian 的访谈，2016-04-06.

③ 乔治·J. 斯蒂格勒. 通向寡占和垄断之路——兼并[M]//高德步，王钰. 世界经济史. 北京：中国人民大学出版社，2001.

④ 胡忠青. 全球媒体并购浪潮出现的原因探析[J]. 沿海企业与科技，2005(2)：1-2.

⑤ Ben H Bagdikian. The new media monopoly [M]. Boston：Beacon Press，2004.

续 表

B2C 类别	品牌名称	收购公司
流行博客	Weblogs，Inc	美国在线
游戏内广告	Massive/猛士	微软
在线内容聚合	美国在线（5%股份）	Google
社交网络/内容聚合	YouTube	Google
财经新闻	道琼斯公司	新闻集团
社交网络	Bebo	美国在线
图像/视频共享	Photobucket	福克斯互动媒体
搜索和地图	3/Planet3 移动门户	Google

1999 年 9 月，商业压力促成维亚康姆与 CBS 之间完成 380 亿美元规模的合并①。随后维亚康姆又以 35 亿美元收购了非裔美国人最喜爱的频道 BET“黑人”。2000 年 1 月 10 日，互联网新贵美国在线宣布以 1 810 亿美元收购老牌传媒公司时代华纳，成立美国在线-时代华纳公司。这是当时美国乃至世界上最大的一宗并购案②。同年 8 月，芝加哥论坛公司以 83 亿美元收购了《洛杉矶时报》的母公司时报-镜报公司，创下全球报业有史以来并购金额最大的纪录。

纵观 20 世纪 90 年代末到 21 世纪初，美国传媒业掀起的收购、兼并或结盟主要是以强强联手为主，重点在传统媒体产业转型发展。媒体行业与行业间化竞争为合作，实现多元化经营，力争“做大做全”，扩展区域市场，从而占据相应的传媒市场垄断地位。例如，时代华纳公司拥有《财富》杂志、《时代》杂志、CNN、华纳电影、华纳音乐，不仅占据专业传播内容资源和传播渠道的优势，还在信息、娱乐、文化生活和意识形态等各个方面对美国社会产生深刻的影响。

2004—2008 年，美国媒体并购更多发生在不同的媒体行业之间、传统媒体和新媒体之间、网络公司和移动社交媒体之间，互联网公司、科技公司也加入并购的行列。2005—2006 年仅一年的时间，默多克执掌的新闻集团出资 15 亿澳元，并购了劲爆年轻一族活力的社交媒体 MySpace。此外，新闻集团还投资 6.5 亿美元收购网络游戏公司 IGN

① 王海，李慧滕子. 美国传媒集中化成长方式概述[J]. 安阳工学院学报，2007(2)：107－111.

② 黄明. 并购史上最大的败局——美国在线收购时代华纳[J]. 董事会，2009(6)：68－69.

娱乐公司，将 IGN 及旗下 IGN. com、Gamespy、FilePlanet、Rotten Tomatoes、TeamXbox 等并入新闻集团附属的福克斯互动传媒(Fox Interactive Media)[①]。这一时期，另一家互联网公司 Facebook 从 2007 年至 2014 年总计完成 10 余次的收购，收购公司不下 30 家，收购业务涉及桌面网站服务、移动互联网服务、虚拟现实设备等。通过多次收购实现产业整合，Facebook 逐步占据平台服务的领先地位。这一时期的并购导致数字新媒体获得飞速的发展。表 2－2 显示了过去的 20 多年间媒体公司大规模收购、兼并后导致的高度垄断现象。

表 2－2 媒体公司收购、兼并后高度垄断集中

年 份	控制媒体的公司数量
1983 年	50 家公司
1990 年	23 家公司
1997 年	10 家公司
2011 年	5 家公司

注：表中为拥有美国一半以上媒体门店的公司数量。
资料来源：Ben H Bagdikian 的《媒体垄断》。

在美国传媒历史上历次企业兼并和并购浪潮中，尽管对新闻业垄断和反垄断的呼声此起彼伏，然而垄断的趋势似乎无法阻挡。通用电气、新闻集团、迪士尼、维亚康姆、时代华纳、CBS 这 6 家媒体巨头控制了美国 90％的报纸、电视和电台[②]。作为美国第三大报业集团的论坛公司，旗下日报达 14 份之多，而且名报、大报众多，如《洛杉矶时报》《芝加哥论坛报》《太阳报》，另外还拥有 26 家电视台、1 个有线电视网。2014 年 2 月 13 日，美国康卡斯特电信公司(Comcast)对外宣布以 452 亿美元收购全美覆盖率居榜首的有线电视运营商时代华纳有线，是 21 世纪第三次大规模的拆分整合[③]。而在此一年前，亚马逊公司创始人贝佐斯以 2.5 亿美元收购《华盛顿邮报》。路透社分析称，传媒领域的并购活动激增与相对较低的资产价格、低廉的融资成本和美国减税前景驱动有关[④]。

① 本书作者对时任福布斯媒体(Forbes Media)首席产品执行官 Lewis D'Vorkin 的访谈，2016－03－21.
② 本书作者对密苏里大学新闻学院的 Pat Sternberg 教授的访谈，2016－03－06.
③ 郭颖. 世界传媒集团的并购策略分析——以时代华纳为例[EB/OL]. (2015－03－17)[2023－03－01]. http://media. people. com. cn/n/2015/0317/c221847-26703994. html.
④ 郑佩，张朋辉. 金钱政治绑架下的“新闻自由”美国媒体公信力连创新低[EB/OL]. (2017－01－05)[2023－12－01]. https://www. szhgh. com/Article/news/comments/2017-01-05/128193. html.

自2016年开始，美国流媒体发展迅猛，Youtube、Netflix成为数字时代的网民尤其是未来有消费潜力的年轻人追捧的对象①。市场调查机构Statista数据显示，2017年美国流媒体订阅数首次超过传统媒体②，流媒体巨头Netflix的快速发展促使其市场份额开始超过传统媒体公司，美国传媒巨头的并购战又转向流媒体市场。继2016年12月底AT&T以854亿美元将时代华纳旗下的HBO收入囊中之后，迪士尼于2017年12月以524亿美元收购21世纪福克斯，迪士尼共持有60%的Hulu股份，其打造流媒体服务的布局获得极大的成功。至此，流媒体市场出现Netflix、Google、HBO、Hulu四足鼎立的竞争格局。

并购使美国单纯的报业或广电集团一跃成为集各种传播媒介渠道和内容资源为一体的综合型传媒产业集团。传媒集团通过并购其他公司实现横向纵向一体化的战略联盟，不仅能增强其竞争力，还能加强对市场的控制，实施本土化、全球化发展战略。但事实上，传媒集团并购之后出现经营状况急转直下的案例比比皆是③。2009年，时代华纳也不得不与美国在线分家。2012年开始，新闻集团、时代华纳集团、论坛报业集团、华盛顿邮报集团也纷纷进行分拆重组，剥离相对弱势的印刷媒体部门④，以求改善盈利状况和上市公司在华尔街的表现。有分析人士称，并购导致了集团整体或部门盈利能力下降、效率降低、规模大却不经济和无效益，以及成本升高、净盈利减少。不仅如此，传媒集团内部的业务多元化直接对集团业务结构、收入结构、财务结构的控制与调节提出挑战⑤。另有分析人士称，文化冲击(Cultural Shock)、品牌离散、人事争斗、财务风险等也是并购失败的原因⑥。

美国传媒集团间的并购处处都打上了商业性、产业性、垄断性的烙印。无论是对老牌的传统媒体报纸、广播、电视、影视娱乐，还是对驰骋网站、视频、流媒体等新媒体市场的传媒新贵来说，对利润无止境的追逐永远是首要的目标。而在旷日持久的新旧传媒市场的争夺中，并购重组也成为美国传统媒体向数字新媒体转型的契机。

二、资本运作撬动媒体融合

媒体的产业化、市场化规模在一定程度上取决于它们的资本运作。资本是传媒快

---

① 本书作者对时任星巴克新闻编辑部数字新闻主管Linda Thomas的访谈，2016-03-22.

② 中国证券报.流媒体冲击猛烈 美国传媒巨头并购图强[EB/OL](2018-06-15)[2023-06-01]. http://www.sohu.com/a/235865895_222256.

③ 本书作者对密苏里大学新闻学院Mike Kean教授的访谈，2016-03-22.

④ 新京报传媒研究.2017美国传媒业的14个关键词|尼曼顶级洞察[EB/OL].(2017-12-26)[2023-05-01]. https://baijiahao.baidu.com/s?id=1587810641775876926&wfr=spider&for=pc.

⑤ 王海，李慧滕子.美国传媒集中化成长方式概述[J].安阳工学院学报，2007(2)：107-111.

⑥ 黄小雄，张志安.美国传媒如何并购网络媒体——从纽约时报公司并购About.com网站谈起[J]中国记者，2005(5)：76-77.

速发展的推手和市场竞争力的主要因素之一。具有强大竞争力的媒体和新闻机构，如美国广播公司（VOA）、NBC、《华盛顿邮报》、时代华纳公司等，背后都有实力雄厚的大金融财团的支持。这些媒体的资本运作对其媒体融合的进程起到了很好的推动作用。

媒体的资本运作基于一套比较完善的融资体制。传媒公司获得投资主要通过四种渠道。第一种是通过跨行业并购的形式获得行业外投资，如 2000 年美国在线以 1 810 亿美元收购老牌传媒公司时代华纳①。第二种是通过传媒公司上市获得社会投资，美国上市报业公司的融资方式多属这一种，最典型的例子是纽约时报公司，其旗下《纽约时报》在华尔街上市发行 A 股和 B 股两种股票，A 股在股市公开发行，任何人都可买卖，持股人有投票产生董事的权力，但是由 A 股产生的董事成员只占所有董事会成员的 30%。B 股由家族成员买卖持有，他们握有董事会 70%的选举权。通过这种股权认购方式，纽约时报公司被牢牢控制在苏兹伯格家族手中。第三种渠道是行业外资本投入传媒产业，如美国康卡斯特电信公司以 452 亿美元对全美覆盖率居榜首的有线电视运营商时代华纳有线的收购。第四种融资渠道是传媒公司自身向行业以外的产业投资，获取投资回报②。自 2004 年以来，美国数字新媒体一直保持强劲的发展势头，一些主打生活时尚、美食、房地产、游戏、视频、城市地图、社交类内容的新媒体公司和内容聚合网站成为老牌传媒公司和新网络公司追逐的投资对象③。尤其在近五年，美国数字新媒体市场的发展前景良好。新媒体聚拢了巨大消费潜力的读者或受众群，吸引了众多的数字广告商。而对于实力雄厚的传统公司来说，收购新媒体公司也是提升品牌在数字平台的吸引力和线上知名度、开发新的增值业务等发展战略的需要。

三、传媒规制与政策推动媒体融合

美国的传媒经济遵循的是自由资本主义市场经济。价格机制在通常情况下是市场有效运行的依据。但是，依然存在市场失灵、不良定价造成恶性竞争的情形。为了尽可能防止市场垄断，美国政府建立了两套针对垄断的控制体系。一套是法律体系，美国司法部和联邦贸易委员会通过出台一系列的传媒法律和法规对传媒组织和新闻机构的经营进行监督管制，如《1934 年通讯法案》，该法案制定的对无线广播、电视和电信业管制的基本框架沿用至今。另一套是政府的管制体系，政府通过许可证制度对传媒产业进

① 黄明. 并购史上最大的败局——美国在线收购时代华纳[J]. 董事会，2009(6)：68 - 69.
② 本书作者对密苏里大学新闻学院 Tim P Vos 教授的访谈，2016 - 03 - 26.
③ 本书作者对曾任 Missourian 策划与执行总监 Michael Koontz Lion 的访谈，2016 - 04 - 06.

行管理。政府的职责是解释各种商业法规，对诸如兼并、不良定价等各种垄断行为进行监督和仲裁。而代表国家和政府直接负责以行政或法律手段管理报纸、广播、电视、卫星的是联邦通信委员会(FCC)[①]。

美国传媒产业历来受到严格管制。美国广播电视是唯一需要批准获得许可证才能投入经营的产业。许可证对频道分配、广播电视台的台数和技术标准的设定都有严格规定。为了促进所有权的多样化和媒介之间的竞争，许可证制度限制每家公司所能拥有的台站数量，限制对报纸、电视台、有线系统、电台等媒介的交叉所有权[②]。

美国政府在20世纪90年代以前颁布了一系列传媒政策法规，在维护传媒市场竞争秩序、推进所有权多样化和促进竞争、增进社会公益方面取得了良好的效果。

但是自20世纪90年代开始，出于开放市场、鼓励竞争，提高美国传媒在全球市场上竞争力的目的，美国传媒政策开始松动，这主要通过《1996年电信法案》集中体现出来。《1996年电信法案》明确规定废除广播电视网对有线电视的交叉所有权的限制。允许广播电台同时拥有有线系统，但不能与台站在同一市场上；取消电信公司进入有线电视市场的限制。允许电信公司申请有线电视经营许可，或经营开放式视频系统，提供电视服务。允许有线电视公司提供通信服务，而且不需要申请电信业务的许可证；取消一家公司不能拥有两个无线电视网的规定。并规定同时拥有广播电视的最大市场数量为50，且收视率总和不能超过35%[③]。

在宽松的传媒政策环境下，美国信息产业内的兼并、整合浪潮迭起，集报纸、广播、电视、有线电视、杂志、出版于一体，外加电影、唱片、互联网、体育、零售和广告等多产业于一身的美国超大型传媒集团数量激增。

随着这些传媒集团在国内规模的不断扩大和竞争优势的积累，传媒市场加速融合，广播、电视、报纸融入更大的信息产业之中。它们开始转向发展全球市场，与全球传媒展开新的竞争。

四、传媒市场变化倒逼媒体融合

由于互联网和新媒体的迅猛发展，美国报纸、广播、电视等传统媒体市场出现支离破碎、断崖式萎缩的状况。报纸、电视、电台、杂志、纸质出版市场发行的营收持续呈现大幅下滑的颓势，传统广告大幅减少，赖以生存发展的传统商业模式坍塌，传统媒体经

① 本书作者对密苏里大学新闻学院 Steffens Martha 教授的访谈，2016-05-08.
② 崔国平. 国外传媒产业的政府规制分析[J]. 黑龙江对外经贸，2008(9)：117-119.
③ 董静，李本乾. 欧美传媒产业规制及模式[J]. 当代传播，2006(5)：38-41.

营危机重重。

与传统媒体遭遇的“滑铁卢”式危机完全相反，互联网宽带技术、通信技术、多媒体技术、大数据、可穿戴设备以及人工智能技术的创新和在传媒领域广泛而快速的应用带动新媒体崛起，牵引受众消费和广告投放大举向数字化平台转移，也吸引新兴的互联网科技公司开发数字业务。皮尤研究中心的调查显示：网络浏览和数字广告的发展形势乐观。数字广告以平均每年25%的涨幅逐年攀升。老牌的传统媒体公司通过发展新媒体也重新焕发活力，2010年美国各大报纸的网络浏览量均超过100万大关，其中排名靠前的是《纽约时报》《论坛报》《今日美国》《华盛顿邮报》《华尔街日报》。表2－3呈现了2010年5月美国主要报纸网站的浏览业务量。

表2－3　2010年5月美国主要报纸网站的浏览业务量①

	报纸/报业组织	2010年5月网络浏览量	每位访问者的平均浏览页数
1	《纽约时报》	32 530 000	22
2	《论坛报》	24 753 000	14
3	《先进报》	18 053 000	18
4	《今日美国》	16 771 000	9
5	《华盛顿邮报》	16 677 000	11
6	麦克拉奇报业公司	13 987 000	15
7	媒体新闻报业集团	13 362 000	11
8	《纽约每日新闻》	12 502 000	10
9	赫斯特报业	12 017 000	16
10	《华尔街日报》	11 325 000	10

注：在线流量可能会逐月大幅波动，《华尔街日报》的网络版，即《华尔街在线》是一个付费网站，其他许多网站部分包括付费墙后的访问量。

另外，移动客户端应用和社交媒体受到用户青睐。YouTube、Facebook、Snapchat等社交媒体访问量位居前三。用户花在Google、Instagram上的时间也较多。它们成为获取新闻、浏览播放娱乐视频、分享内容图片的重要来源。

① Suzanne M Kirchhoff，The U. S. newspaper industry in transition[EB/OL].（2010－09－09）[2023－07－01]. fas. org/sgp/crs/misc/R40700. pdf.

据皮尤研究中心统计，2016 年年初，美国 57%的人通过看电视获取新闻，38%的人在网上看新闻，差距为 19%。2017 年 8 月，美国通过看电视获取新闻的人减少到 50%，通过网络获取新闻的人增长到 43%，差距为 7%。2017 年，美国 2/3 的人通过社交媒体获取新闻。种种迹象表明，美国传媒市场已经向数字新媒体市场转移，关注数字消费者并挖掘其潜在价值对于媒体数字化发展具有举足轻重的作用。

第三节　媒体融合的发展历程

媒体融合起源于 20 世纪 90 年代，国内外知名媒体机构，如新华社、《人民日报》、央视新闻、《纽约时报》、《华盛顿邮报》等全国性媒体纷纷创建自家网站，将传统媒体的内容变成网络版。随着平板电脑、智能手机、移动客户端应用软件的开发和应用，多媒体融合新闻叙事应运而生，通过内容融合和平台融合促进新媒体数字业务开发和拓展成为早期媒体融合发展的重心。到 21 世纪初，即 2008—2009 年美国的媒体全面完成数字化转型，大数据技术、虚拟现实技术的应用不断加快媒体融合的步伐。21 世纪 10 年代之后，媒体进入深度探索数字商业模式创新、平台融合、产业融合运作模式的成熟发展期。

一、媒体融合的第一阶段：互联网驱动下的初步发展

在 20 世纪 90 年代早期，互联网的应用逐渐普及，为内容信息的传递和接收提供了新方式。新媒体的壮大迅速培养和发展了海量的新一代媒体消费者。在此期间，面对互联网新媒体的冲击，传统媒体被迫进行数字化转型。

（一）传统媒体创办网站，向数字化转型迈出第一步

1994 年，美国少数几家报纸开始创办自己的报纸网站，其中《圣何塞信使新闻报》据说为全球最先创办网络电子版的报纸[①]。1995 年，美国报纸网站从一年前为数不多的几家发展到 175 家。1997 年，美国 100 家最大的日报只有 2 家没有网站。在第一批接触网络电子报的报纸当中，有《纽约时报》《今日美国》等大报，也有《波士顿环球报》《时代》《太阳报》《洛杉矶时报》《西雅图时报》等地区性报纸。这些报纸在创建网络报纸的同时，仍然发行传统报纸。但有些地方性报纸，如《西雅图邮讯报》后来放弃传统报纸，

① 本书作者对密苏里大学新闻学院 Frank Michael Russel 博士的访谈，2016 - 02 - 19.

专门经营发展网站[①]。起初，大部分报纸网站只是复制来自传统报纸纸质版的内容，但《纽约时报》新开辟的日报科技板块 CyberTimes 却是个例外。CyberTimes 的内容源自纸质报纸，报纸发行周期与日报印刷版同步，文章内容的篇幅与纸质内容篇幅相当，限制为 700～1 200 词；与用户的交流反馈和网上论坛更多遵从单向交流模式，“报纸发，读者只管看”。但是其报道方式已经有了很大的改变，开始尝试用图片、视频、音频＋文字的呈现方式。1998 年，CyberTimes 作为网络版《纽约时报》(Times on the Web)的科技板块开始只发布针对网络版的原创新闻内容，希望给网络读者提供更多纸质报纸以外的内容。CyberTimes 的运作理念是尝试用网络新闻叙事形式，从科技视角为《纽约时报》的网络用户提供科技行业的新闻。不到一年的时间，CyberTimes 已经发展了 10 个特色栏目。与此同时，《纽约时报》网站得到快速发展，新开辟新媒体创业板块和导购以及电子商务板块，内容变得愈来愈丰富，内容的标题字样大小、文本链接方式、文章的风格、菜单设置等网页设计也适时优化。经过多次改版调整，网站页面风格、整体版式更加简洁，贴近网络用户阅读习惯，注重用户的阅读体验。美国的其他报纸网站纷纷效仿《纽约时报》的网络办报经验，在很短时间里美国报纸网络浏览量直线攀升。1998 年，《今日美国》的每日平均网络浏览用户达 923 000 人次，《纽约时报》网站浏览量更是以每 6 个月 50％的速度递增[②]。

几乎在创办网络报纸的同时，美国有线电视新闻网、美国广播公司网、美国哥伦比亚广播公司也陆陆续续建立起网站(CNN. com、ABC. com、CBS. com)。1996 年，美国广播公司联手微软公司建立了 MSNBC. com，发展势头良好[③]。1998 年，Google 新闻网站成立，并迅速发展成为规模最大的搜索引擎。科技公司和新媒体公司也涌入新闻传媒市场，开始与传媒新闻公司争夺市场。美国传媒市场出现报纸网站、电视广播网站、互联网科技公司和新媒体公司多足鼎立的竞争格局。

对于美国传统媒体来说，传统媒体触网实现数字化转型，只是向媒体融合之路迈出的第一步。这一时期，传统报纸的内容简单复制到网站，还算不上是真正意义上的报网融合。受限于网络速度和多媒体技术，报网内容没有完全实现融合，内容数字化发展所需要的新商业模式也还没有建立，媒体融合仍处在摸索阶段。

---

① 本书作者对时任《西雅图时报》主编 Jenny Schultz 的访谈，2016－03－20.

② 本书作者对曾任《今日美国》执行总编 Steffens Brian 的访谈，2016－03－06.

③ 吴俐萍，池薇. 跨界、联合、独立：美国传统电视媒体的新媒体转型模式研究[J]. 新媒体研究，2017，3(15)：66－71.

(二) 传统媒体发展新媒体，向媒体融合迈进

发展新媒体是媒体实现数字化转型的关键一步。传统媒体开始“将工作重心和努力方向、投资重点转向数字媒体，由现在的传统模式转变为一家以‘数字优先型’的公司，因为数字化才是未来”①。媒体的数字优先发展战略主要体现在以下四个方面。

1. 组织重建，打造“中央厨房”式的全媒体编辑中心

美国媒体组织重建的工作包括以下几个方面：改变原来报纸生产模式下的组织架构，对编辑部重新整合改造，简化部门设置，打破报纸、电视、广播与网络新媒体间各自为政的壁垒，加强各部门合作等。为了强化数字中心的媒体运作，各传统媒体首先对物理办公空间进行“中央厨房”式的改造，建成全媒体指挥中心，即将原来分散在各地办公的电视台、网站、报纸、电台聚集到一处一体化办公。美国最早进行媒体融合试验的是媒介综合集团，2000 年美国媒介综合集团将旗下的报纸、网站和电视台安排在同一个传媒大厦办公。大厦中设立坦帕新闻中心，在保持报纸、网站和电视台各媒体部门办公和运作机制相对独立的基础上，新闻编辑部对其统一指挥协调，实现各媒体间新闻采集、制作和资源共享。坦帕新闻中心成为后来美国其他媒体创建“中央厨房”式全媒体中心指挥部构架的原型。全媒体中央指挥部实行辐射条状分布，总编辑居于中心，其他部门围绕主编成条状多方位发散出去。在这样的开放式工作空间，十分方便媒体各部门员工、记者、编辑面对面交流。在《华尔街日报》的新闻中心中间靠近主编和副主编的地点上方还设有一个超大数字显示屏，便于主编们时刻关注受众市场对内容产品的反馈，以便作出相应的内容决策部署。

在这种扁平化的组织架构下，报纸、电视、广播与网络通过各媒体组织内部开发的内容管理平台，实现了统一的新闻采集，内容多由平台生成和发布。这样不仅节省了成本，还避免了内容的同质化问题。

2. 强化内容融合，探索多媒体融合新闻叙事形式

随着有线电视网和网络视频的出现，传统电视渐渐失去了内容整合的优势②，有线电视频道大量诞生，如体育频道（ESPN）、尼克国际儿童频道、探索频道、美国国家地理等，有线电视网成立新的内容整合平台。它们将购买的内容或原创内容以内容聚合的方式，通过网络平台以点播、云服务路径打包传送给观众。

在数字战略推进的过程中，美国各媒体积极探索出了适合自家平台且各具特色的

---

① 辜晓进. 数字优先的报业转型逻辑[J]. 现代传播（中国传媒大学学报），2017，39(1)：74－79.

② 吴俐萍，池薇. 跨界、联合、独立：美国传统电视媒体的新媒体转型模式研究[J]. 新媒体研究，2017，3(15)：66－71.

多媒体新闻叙事形式。《纽约时报》的《雪崩》开创多媒体融合叙事的先河。之后，多媒体新闻叙事成了美国各媒体讲述新闻故事、呈现新闻内容信息必不可少的表现手段。

3. 加强网站建设和拓展新媒体发布平台

在数字战略的指引下各媒体全力建设和拓展平台，目的是实现内容除了在线发布，还能在线上多个平台传播发布。也就是我们所说的实现内容一次采集，多元化生成，将同一内容以适当的形式在不同平台发布。2010年，随着平板电脑等设备的普及，各大报纸、电台、电视台，通过平板电脑、移动智能手机、可穿戴设备，如苹果手机、具有VR效果的Google眼镜等，还利用各种社交平台和视频网站，如Facebook、Twitter、Instagram、MySpace、YouTube、Netflix，为消费者即时提供内容产品和服务。有的还推出自有的各种移动终端应用，如《纽约时报》通过NYT Now、NY Opinion、News. me、NYT Select等，提供受众不同的阅读体验。

CBS不仅通过自己的网站和移动终端发布内容，还与其他电视平台如Amazon Fire TV、Roku players、Roku TV、Apple TV合作播放内容。这不仅满足了数字时代数字受众对丰富内容的需求，而且多平台移动数字终端的呈现最大限度向数字受众提供了内容获取的便利。通过多平台内容发布是美国媒体努力实现内容融合和平台融合最集中的反映[①]。

4. 探索数字化商业模式

美国媒体数字化转型最重要的目标是寻找到适合的数字盈利模式。早在2009年，以《华尔街日报》《纽约时报》为代表的媒体尝试设立付费墙，对数字内容收费。经过两年的努力，付费墙获得成功。这些报纸坚信读者愿意为优质、稀缺的内容付费。如今美国一些优质的媒体都基本实行了数字内容订阅。除了数字订阅和数字广告收入外，大多数媒体从事多元化经营，如《今日美国》与航空公司、酒店合作，提供报纸订阅服务，还在航空公司、酒店附近经营商店、举办酒会、做数字代理等[②]。CNN通过开放平台，吸引广告商投放广告与其他合作伙伴分成收益。《华盛顿邮报》基于Arc Publishing系统构建了自己的出版/内容管理的云服务（SaaS），《洛杉矶时报》、加拿大《环球邮报》和一些规模较小的本地报纸，按照内容的访问量支付《华盛顿邮报》费用[③]。美国媒体在数字化转型中逐步探索到了适合自身发展的商业模式。

---

① 本书作者对美国波因特(Poynter)数字顾问 Katie Hawkins-Gaar 的访谈，2016-03-21.

② 本书作者对《今日美国》实验室(USA Today Lab)的副总裁 Kevin Poortinga 的访谈，2016-03-06.

③ 李军.《华盛顿邮报》：从老派纸媒到云计算先锋[EB/OL]. 财经十一人，2018-06-18. http://sh.qihoo.com/pc/9999d47510f2072c6? sign=360_e39369d1.

二、媒体融合的第二阶段：大数据驱动下的快速发展

21世纪10年代，大数据技术迅速被媒体和新闻机构广泛采纳和应用，收集分析“用户数据”“挖掘数据”“开发内容数据”“开放内容数据”成为这一时期媒体融合的关键词。与此同时，“数据新闻”作为又一种新的新闻叙事形式成为融合新闻的时尚，以此来吸引读者和用户的注意力，增强读者与用户的黏性，促进与读者的互动。

（一）数据新闻成为流行的新闻叙事形式

传统媒体时代，新闻报道的形式较为单一，以文本、图片为主要的表现形式。到了大数据时代，数据信息可视化（Data Information Visualization）带来的变化让人耳目一新。《纽约时报》是推行数据新闻的先锋，它把数据新闻定位为“以多媒体的形态综合叙事的新闻形式，具体有数据可视化、数据驱动故事、解释性图表、多媒体故事等形式”①。其中数据可视化是数据新闻的基础，它通过梳理规模庞杂且无序的大数据，形成分门别类、不同视角的数据图表，并对图表进行写实、分析、预测等。这种新闻方式既能让读者（观众）对各门类的数据有宏观的了解，又能让读者深入感兴趣的领域的具体细节中，内容呈现显得直观，可读性很强，真正把读者从枯燥的数据中解脱出来。《纽约时报》成立了专门的团队，开设Upshot栏目专攻数据新闻，借助数据可视化等新颖的表现形式，为多媒体新闻叙事打开了局面。《2012美国总统选举数据地图》《NBA北美粉丝地图》《重塑纽约》等是《纽约时报》推出的几则堪称经典的数据新闻，充分体现了《纽约时报》大数据团队获取数据、挖掘数据、数据建模的能力和创意选题能力。现在，利用大数据推出围绕大众衣食住行、城市发展的数据新闻已经变成各媒体公司惯用的新闻题材。

同一时期，国内新闻机构也有很好的“数据新闻”的案例。例如，新华社于2010年推出《中国网事》栏目，通过数据统计和网络舆情分析，报道中国互联网上的热点事件和人物，以及网络舆论的最新动向和趋势。该栏目在当时是中国媒体中较早以数据新闻形式报道互联网热点事件的栏目之一，受到了广泛的关注和好评。《新京报》推出《数据民生》栏目，通过数据分析和图表展示，解读民生问题，挖掘数据背后的深层次问题，为读者提供更全面、深入的报道和服务。《财经》杂志推出《数据说》栏目，通过数据可视化和深度解读，呈现经济领域的各种现象和趋势。

---

① 孟笛.开放理念下的新闻叙事革新——以《纽约时报》数据新闻为例[J].新闻界，2016(3)：61-65.

（二）挖掘大数据实现精准内容生产

传统意义的新闻制作和发行属于大规模、无差异化、标准化生产，媒体对用户的喜好无从了解，在做新的改版前需要进行大量的市场调研，费时费力，还存在着失败的风险。而有了用户的大数据之后，这个问题就迎刃而解了。在数字化媒体制作的背景下，媒体公司根据订阅用户或者潜在用户的大数据，就可以为每个用户制定个性化的内容方案，给不同客户提供菜单式的内容，做到因人而异、千人千面，这大大提高了客户的满意度和忠诚度[①]。大数据在内容制作上具体有以下几个应用。

1. 大数据选题

这一应用的基本做法是采用社交媒体大数据筛选热点新闻，专业媒体进行深度跟踪和报道。以 CBS 为例，CBS 在新闻播报中的现场采访和深度报道是 CBS 与其他媒体的差异化优势之所在。现场采访和深度报道除了需要调动很多媒体资源，如何找到受大众欢迎的有可观收视率的题材，也是 CBS 要慎重考虑的。为此，CBS 鼓励记者在社交媒体上以个人名义发布短视频，或者 CBSN 团队先在社交媒体或者 CBS Assignment 平台发布话题的短视频，如果短视频得到受众认可，就立即着手安排现场采访和深度报道。

2. 大数据辅助精准内容制作

精准内容生产也是大数据的重要应用之一，美国绝大多数媒体都启用类似 Chartbeat、HootSuite、Parse. ly、Dash 等大数据监测和分析系统[②]。通过这些系统，各新闻网站、报纸、广播、电视媒体可以随时随地了解有多少读者在浏览新闻、他们通过哪些媒介阅读浏览、有多少读者与新闻内容互动，以及哪些内容被读者转发上传到 Facebook、Twitter、微信、微博等社交平台等。然后基于这些数据推荐引擎把热门信息推送到用户面前，将用户浏览时长、浏览次数、停留时间等行为信息作为反馈信息传输到大数据模型中，根据人、信息和场景等信息维度进行分析，进而通过算法对用户标签进行新的迭代刻画，最后根据用户标签、内容标签、情境标签和情境信息，计算用户对内容的感兴趣概率[③]，再进行内容推荐。根据这个原理，CNN 设计了一款内容开放的平台，专门用于给合作伙伴提供展现各家媒体原创内容，在平台上受访问用户欢迎的内容将脱颖而出，成为 CNN 这一大品牌媒体向外发布的内容[④]，CNN 这种内容选择机制就是通过大数据辅助实现的。

---

① 本书作者对时任 CNN Digital 主编 Meredith Artley 的访谈，2016－03－21.
② 本书作者对时任《西雅图时报》数字媒体部的执行编辑 Ryan Blethen 的访谈，2016－03－20.
③ 刘静. 人工智能时代媒体转型路径的思考[J]. 新媒体研究，2018，4(4)：124－125.
④ 本书作者对时任 CNN Digital 主编 Meredith Artley 的访谈，2016－04－06.

3. 大数据分析结果作为新闻内容

聚焦对某个新闻事件或热点感兴趣的受众，利用大数据从分布、构成、成长性、发展速度等维度进行分析，也可以成为一种形式新颖的新闻内容。例如，《纽约时报》的《NBA北美粉丝地图》反映了NBA粉丝在北美的分布情况。又如，美联社针对美国涉及枪支新闻的报道，通过算法工具对美国枪支案样本数据库进行处理，从中筛选在枪支案中儿童死亡率的数据，进一步分析得出“3岁儿童由于能拿起枪支但没有自控意识，所以容易受到伤害”的结论。像《纽约时报》、美联社这样用大数据分析结果制作成的新闻不仅为老百姓提供了资讯，还能为相关体育、教育等产业发展应用提供数据支撑。

（三）利用大数据实现精准内容分发营销

挖掘用户大数据，针对用户实行精准内容分发已成为美国众多媒体公司通行的做法：通过与社交媒体合作，完成内容的分发，并收集客户点击、阅读、转发分享等大数据，然后建模分析得出用户的喜好特征，并据此组合内容套餐分发到相应的用户。事实上，大家真正比拼的是谁能让用户表达自己的喜好，谁的数据挖掘更精准、大数据选题更独到，谁的内容定制更到位。

在大数据应用实现千人千面精准营销这方面，业界做得最好的当数Netflix[①]。该公司早在1997年成立之初便着手建立自己的用户数据库，收集客户信息和租用DVD、磁带记录，用以分析其观看喜好。这些原始的大数据分析及其应用让Netflix受益匪浅，DVD出租业务在相当长的时间里是公司的主要现金牛业务。2007年，该公司利用大数据准确预测到流媒体技术（Stream Media）将成为主流视频内容分发技术，于是迅速研发流媒体内容分发业务，向用户提供DVD出租和流媒体分发的打包服务产品。基于流媒体平台，Netflix众筹研发了先进的大数据分析模型，还设计了最便于用户发表意见的拇指向上、向下评价体系，其内容点击量和播放量都达到了业界遥遥领先的水平。

国内的大数据精准推送首推内容聚合平台“今日头条”，“今日头条”是基于大数据技术的个性化内容推送平台。它通过分析用户的行为数据，包括阅读习惯、关注领域、停留时间等，来推送符合用户兴趣和需求的内容。其内容覆盖了新闻、娱乐、体育、科技、财经等众多领域，用户可以根据自己的兴趣和关注领域定制自己的新闻阅读内容。

① 本书作者对密苏里大学新闻学院Steffens Martha教授的访谈，2016-04-08.

同时，“今日头条”也通过推送相似文章、相关领域的内容，使用户能够更好地探索自己感兴趣的领域。

（四）利用大数据实现媒体产业链重塑

从媒体产业经营者的角度看，利用大数据技术，对融合平台提供的所有用户的内容消费使用情况等进行数据分析可以获取相关关系。根据相关关系的强弱，采取相应的经营策略，突出强相关关系的内涵和外延生产实现媒体产业内部的生产关系、媒体与不同产业之间的生产关系的整合与重构，即旧的产业链和价值链上下游关系得以巩固强化，新的产业链和价值链不断形成创建。

以《华盛顿邮报》为例，自 2013 年被贝佐斯收购以来，其不仅快速实现了数字化转型，还转型成为一家科技公司。在新闻业务的垂直细分方面，一条新闻或一条线索，通过数据抓取处理，可以制作成短视频、叙事报道、视频续集、分析报道、追踪报道等多种形式的新闻产品，编辑将自己的判断和新闻编辑中心数据监测系统的数据分析综合起来，对何种形态的新闻发布在哪些平台作出判断。例如，除了将内容发布在该报的数字平台上，还尽可能发布在 Google、Facebook、Twitter、Apple News 等所有合作平台上，以获取流量和内容营销收益。基于高质量的内容，该报还利用大数据完善广告推送，开创数据订阅和 App 新闻业务。在数字业务横向拓展方面，该报通过将自己的内容管理系统向其他新闻机构授权，从中获取高达 1 亿美元的业务收入。该报还与 Google、Facebook 合作开发快速发布新闻的网站，并开发受众为网速提速额外付费的业务。

《华盛顿邮报》自主研发的内容管理系统，推动了该报的网站流量翻番，曾一度超过《纽约时报》和发展势头迅猛的 BuzzFeed。据《华盛顿邮报》报道，截至 2018 年 6 月，其 Arc Publishing 平台又新入驻了 Bonnier Crop. 、Advance Local、Boston Globe Media Partners、Philadelphia Media Network 和 Le Parisien 等五家媒体公司。Arc Publishing 平台一共支持 90 个网站和 App 的运行，月浏览量达到 5 亿次。该平台利用大数据工具提高新闻内容的品质，对受众深度分析，提升消费者的体验，讲求内容精准传播，提高跨平台分发的效率。此外，《华盛顿邮报》的内容品牌实力和贝索斯执掌的亚马逊强大技术团队的联合打开了《华盛顿邮报》媒体融合发展的新局面①。

---

① Max Willens. 华盛顿邮报如何使技术平台 Arc 保持增长？有这几点成功经验|德外独家[EB/OL]. (2018-10-03)[2023-04-01]. https://mp.weixin.qq.com/s?__biz=MzAwMjY2NzUxMw==&mid=2649769654&idx=1&sn=1c0cbd90484b0f3734e5204f65257dcd&chksm=82c20020b5b58936040da6bf85fcd1d1496812468cba976b76342b646f1562ebae9b1dfb2284&scene=21#wechat_redirect.

三、媒体融合的第三阶段：人工智能驱动下的智能发展

近十年来，美国新闻机构紧跟人工智能技术的发展，将人工智能广泛应用在新闻领域①。总体来看，人工智能技术在新媒体传播的应用主要有内容生产（AI Generate Content，AIGC）和精准分发两大领域。

（一）智能机器人用于内容生产

如今，各大媒体竞相开发智能机器人用于内容生产。《华盛顿邮报》走在智能机器人研发应用的行业前沿，开发了近 100 款智能机器人，其中最有名的是一款 Heliograf 机器人，其不仅能发布即时新闻，还可以根据系统提供的实时数据信息自动编写故事，为读者提供私人定制的故事②。例如，在 2016 年美国大选的那一天，它就可以自动跟踪投票进展，快速编发邮件和 Twitter。在新闻写稿方面，美联社的 Wordsmith 是最早用来帮助编辑写财报新闻的机器人，其写稿速度惊人，大约 5 秒钟就能写成一篇 150～300 字的新闻快讯，每季度能完成财报新闻达到近 4 000 篇，相当于美联社的编辑们写财报新闻速度的 10 倍③。在新闻发布和内容质量管理方面，一些传统媒体如《华盛顿邮报》《洛杉矶时报》等先后尝试用机器人发布即时新闻，帮助编辑进行信息核查，有的甚至可以独立制定标题、摘要文案、图片等。在舆情监测系统应用方面，美国 Xalted 的 iAcuity 走在行业的前列。在人机交互方面，利用自然语言技术与受众进行人机交互，如与受众进行简单的互动聊天，美国的亚马逊、Facebook 等公司还在社交平台或新闻平台的产品评论、社区评论以及新闻文章主题分类与情感分析等方面应用了智能语音功能④。

机器人在美国新闻业中的这些应用，使得烦琐、简单的新闻编写不再成为美国记者主要的日常工作，他们将更多的精力投入深度新闻报道采写中。

随着人工智能大模型的快速发展，以 AIGC 为代表的先进 AI 技术在内容制作上发挥了越来越重要的作用。AIGC 具有强大的内容制造能力，媒体首先将其作为常规内容的制作者，同时，它又可以成为媒体内容创意者的助手。AIGC 能成为创作者的智能创

---

① 万可. 美英新闻媒体人工智能应用实践及启示[J]. 中国传媒科技，2017(7)：19－20.

② 万可. 美英新闻媒体人工智能应用实践及启示[J]. 中国传媒科技，2017(7)：19－20.

③ 刺猬公社. 在人工智能和新闻的结合上，国外媒体已经飞起来了[EB/OL].（2020－09－03）[2023－09－01]. http://www.360doc.com/content/20/0903/21/71400495_933843949.shtml.

④ 本书作者对时任 Media Trust 的社群和读者部主管 Alex Kann 的访谈，2016－04－06.

作工具，传统的创作过程中的消化、理解和重复性工作可以交由 AIGC 完成，创意过程变为“创意—AI—创意”的模式。

人工智能还可利用自然语言技术与受众进行人机交互。2023 年以来，OPEN AI 推出的 ChatGPT，极大地提升了人机交互能力，相对原来基于预设菜单式的人机交互模式，ChatGPT 大幅度提高了对用户意图的理解和输出结果的准确性。与此同时，与用户交互的方式也变得非常灵活和人性化。

当然，由于人工智能技术还处在不断成熟的发展阶段，美国的媒体机构在实际的人工智能应用中，通常会进行适度的人工干预，避免不必要的问题发生。2017 年 6 月 25 日，《洛杉矶时报》在 Facebook 上发布一条有关“一场 6.8 级地震袭击了圣芭芭拉”的新闻就为该报的机器人 Quakebot 所作，该报编辑即刻删除了这条推文，并解释称此新闻是假新闻，文中描述的是 1925 年的地震。为防止类似情况发生，许多媒体还建立了闭环管控机制，设置带“断路器”和人工监督环节的防护栏，以防止人工智能失误。对于直接面向用户的事务，尤其是在新闻写作和发布环节都建立了必要的审查机制，在市场调研及数据分析环节，建立了稽核机制，避免出现系统性差错。人工智能在打开媒体高效生产经营大门的同时，也给媒体带来版权保护、网络安全等一系列风险。

（二）基于人工智能算法的内容分发

算法是事先设定好的、由计算机自动执行的一系列指令和程序。在新媒体传播领域，算法主要用于对新媒体平台聚合的海量内容进行分类、筛选和排序等智能化处理，并将内容与受众点对点精准匹配，最终实现内容生产和分发的自动化决策、执行和反馈。借助算法技术提高内容生产和分发效率，是新媒体传播的基本逻辑，新媒体传播的工具理性因而得以强化。利用人工智能和大数据技术进行内容的精准分发，已经成为国内外媒体提高传播效率和效果的重要手段。

在新媒体传播环节中“人”的位置后移，“算法”登上前台成为传播的使能者和塑造者，算法作为内容和受众间的新中介，发挥着隐形把关人的作用。

算法是由人定的，基于人主观设计的算法不可避免地存在价值的偏向。当前新媒体实现商业变现的基础是“流量”，新媒体对流量的追求决定了新媒体遵循“流量至上”的算法偏向。流量特性好的内容被优先推送到新媒体平台的首页滚动发布，反之则被延后乃至拒绝推送，流量指标优异的内容有可能获得更多的流量红利，如广告收益、增值业务等。

"流量至上"算法在让新媒体传播的工具理性得到彰显的同时，也加剧了其价值理性的迷失。通常情况下，对于具有学理性或严肃性的议题，如哲学思想、道德伦理、文学艺术、社会时政等，其内容的信息含量高，却因为不符合"流量至上"算法的特征，往往被算法过滤，或者湮没于"短平快、无聊无害却也无益"的海量内容中。对消费者而言，其不知不觉地被束缚在算法根据其"喜好"量身定做的"信息茧房"中，沉浸于海量局限品类的信息漫灌中。因此，算法推进带来的系列消极问题已经成为行业治理的重要课题。本书在后续章节也将进行讨论。

第四节　媒体的融合创新

"创新"一词，在我国最早见于汉代。在《汉书·叙传下》记载有"创，始造之也"，意为"创始，首创，做前所未有之事"。"创新"在英语中有"引进新观念或新事物"之意。有学者认为创新即"有中生新"①。美籍奥地利经济学家约瑟夫·熊彼特(Joseph Alois Schumpeter)认为，"创新就是把从来没有过的关于生产要素的'新组合'引入生产体系"②，对现存生产要素进行"创造性的破坏"，从而"不断从内部革新打破旧的经济结构，不断创造新的经济结构"③。熊彼特所说的生产要素的新组合主要包括引入新产品、引入新工艺、开辟新市场、控制原材料的供应来源和实现工业的新组织④。熊彼特的这一思想高度概括了当今媒体的融合创新实践，即通过技术、内容、组织、生产经营方式的创新，来实现媒体的组织融合、技术融合、内容融合并逐步创建新的数字商业模式。

一、媒体创新的动机

首先，20世纪末以来，报纸、广播、电视等传统媒体出现了经营危机，而媒体数字化发展普遍存在投资大、见效周期长的两难困境。尽管数字订阅、广告业务收入逐年有缓慢上升的趋势，仍然难以抵消整体经营的亏损。在此情形下，创建降本增效、开发多元数字业务和营收来源成为媒体急迫需要解决的问题。寻求新的商业模式成为创新首要的动机。

① 彭增军.穿新鞋走老路：数字时代传统媒体的"创新"为何会失败[J].新闻记者，2017(5)：70－74.
② 陈劲，贾根良.理解熊彼特：创新与经济发展的再思考[M].北京：清华大学出版社，2013.
③ 曾培伦.熊彼特创新理论视阈下的中国媒介融合路径危机[J].新闻大学，2017(1)：110－115，144，151.
④ 熊彼特.熊彼特：经济发展理论[M].邹建平，译.北京：中国画报出版社，2012.

其次，媒体创新在于保持媒体品牌活力和提升竞争力。传统主流媒体要保持和发挥传统品牌的优势且在数字化、移动化社交媒体新闻服务平台上创建数字品牌并非易事。

最后，媒体创新也是为了提高媒体生产力和更好地满足数字时代媒介消费需求。通过创新，充分利用和合理配置多方资源、融合内容信息产品和服务以满足数字时代的消费者需求是数字时代媒体达成的共识。

二、媒体融合创新实践

《纽约时报》、《华盛顿邮报》、CNN是美国数字化转型的代表。在我国，以新华社为首的媒体也展开了较有成效的融合创新实践。它们在组织、技术、内容和商业模式方面的创新实践能充分体现媒体融合的发展现状并为未来媒体融合的发展提供借鉴。

(一)《纽约时报》的媒体融合创新

为了解决自身在数字化转型中发现的不适应问题，深入拓展消费群体、扩大广告发行量、丰富数字化业务，《纽约时报》对其技术路线、生产组织、内容生产和盈利模式等方面进行了创新。

1.《纽约时报》在生产组织方面的创新

传统媒体实现数字化转型的路径都是将其生产组织方式从传统的模式转变为数字化模式。《纽约时报》的生产组织创新有两个鲜明特点：一是组织运作的中心从纸质媒体转向数字媒体；二是从传统的分层分级和以功能区隔为特点的组织架构转变为更扁平、更透明的组织架构。这种生产组织架构的调整既明确了生产方式的重心，又瞄准了新的生产方式，从而科学配置和优化各类资源要素。

(1) 打造适应数字化媒体需要的新型组织架构

《纽约时报》先是创建了贝塔团队以满足移动端App、Blog、内容开发等数字化需求，而《纽约时报》的媒体实验室旗下的品牌工作室则专注于品牌、广告创意等方面的工作。到了2016年，媒体实验室的中心任务由多媒体开发转向更前沿的机器自动学习和自动化翻译等领域。这些与生产相关的转变都是在不到5年的时间里实现的。除此之外，《纽约时报》还在营销领域进行了组织创新，先后组建了负责战略规划、用户拓展和大数据挖掘等的专门团队以提升其经营效果。2017年上半年，《纽约时报》组建了读者中心，以架设公司与读者互动的桥梁。从以上我们可以看到《纽约时报》在数字化转型的组织创新中的清晰思路，即实现包括线上线下等多途径新闻生产各环节的数字化融合以及产业链的整合。

(2) 革新机构的运作模式以加强各部门间的协作

《纽约时报》在加强部门协作方面可谓不遗余力。《纽约时报》编辑部推广了以扶植创新项目为导向的深度网络合作模式。《纽约时报》采用了基于“中央厨房”的新闻生产方式，实现新闻一次性采集、生成多种形式内容以及在不同的平台发布。项目制的新闻编辑团队包含了新闻生产各环节的成员，与此同时，负责市场拓展、技术支撑的成员也一同参与进来，这种打破部门壁垒而形成的全功能团队(包括技术支撑、产品设计和广告开发等)一改以往各自为政、难以对话的局面，与新闻编辑团队紧密配合。在这种协作体系下，团队就创新版面设计、优化叙事方式、构思广告创意和组织内容分发等进行充分沟通和协作，打造出高质量的内容产品。

《纽约时报》项目制的生产协作，既打破了职能部门的烟囱壁垒以实现部门和项目组的高效协作，又发挥了项目组团队的专长，同时还形成了生产要素的有效配置，实现了团队对公司的发展目标达成共识并朝共同方向一起努力的目的，无形中增强了组织的凝聚力和战斗力。

2.《纽约时报》在技术应用与开发方面的创新

为了打造自身的核心竞争力，《纽约时报》非常重视技术保障工作，为此组建了Story[X]媒体实验室，并拥有近500人的技术研发团队，他们自主研发各种新媒体技术，并将新的数字化技术应用到新闻生产和传播中，这使得《纽约时报》这个传统新闻品牌不仅适应了数字化发展的需要，还大大提升了品牌活力。

(1) 打造自主研发优势

《纽约时报》通过自主研发的数据分析系统(Stela)整合全球用户的数据。从2015年开始Stela对整个新闻编辑部开放，通过这个工具，《纽约时报》旗下的固定网络端、移动应用端的数据(包括文本、图片、视频等)都能即时汇聚到数据分析系统进行加工，并得出相应的分析结果，再以多媒体等多种表现形式发送到编辑、记者等新闻从业者手中。这种决策参考包括阅读量、评论量、转发量等信息，各环节人员根据Stela提供的数据信息可以准确地判断需要重点改进和优化之处。与许多其他新闻机构因过于依赖第三方提供分析数据而导致操作烦琐、响应迟缓等问题相比，Stela的易用性和安全性是《纽约时报》对该创新推崇有加的重要原因。

《纽约时报》的数字化内容分发系统——Vi 系统[①]，具有强大的自适应分发功能。例如，它可以将内容页面自动匹配到各种显示终端（包括个人电脑、iPad、移动终端等），自动生成最适应客户阅读感知的页面，且具有非常稳定的显示效果和极快的呈现速率，很好地保障了用户的阅读体验。用户即使在不同的平台阅读《纽约时报》，也同样能感受到《纽约时报》优质的产品和服务，这对于增加不同平台的用户订阅无疑会起到良好的促进作用。

（2）创新面向丰富场景的新技术应用

《纽约时报》非常注重数字化新技术的场景化应用，以《雪崩》为代表的纪录片综合运用视频、3D、气象图等技术开启了多媒体叙事新闻的模式。随着 VR 技术的面世，《纽约时报》开发了 NYT VR 这一移动客户端应用，并制作了大量的基于 VR 的纪录片，给用户以沉浸式阅览体验。这种阅览体验很受用户青睐，NYT VR 的下载量更是达到 100 万次。随着人工智能技术不断走向成熟，《纽约时报》数字部门的科学团队应用人工智能技术研发了多款机器人，这些机器人综合运用大数据、云计算和人工智能技术，在内容精准生产、精准发布等方面发挥了重要作用，这既提高了生产效率，又增加了新闻报道的趣味性。例如，2017 年《纽约时报》研发的聊天机器人，还能模仿知名记者的声音播送热门新闻，这使得新闻报道的趣味性大大增强。这些机器人的应用，将编辑、记者从事务性工作中解放出来，使他们转而将工作重点放在专注制作更有深度和更高品质的新闻。

《纽约时报》的技术创新在丰富新闻报道形态、提供个性化新闻内容产品和优化新闻阅读体验方面扮演着重要的角色。

3. 《纽约时报》在新闻内容表现形式上的创新

自制内容、深度报道、严肃新闻是《纽约时报》赖以生存的核心竞争力。2000 年以来，《纽约时报》在持续发扬自身的特质之外，立足创新，以客户体验为目标，将新闻的易读性、可视化作为其创新方向，同时把增加与读者互动、满足客户个性化需求作为其改善客户满意度的重要举措。

（1）提高内容的易读性以创新新闻内容

进入移动互联网时代，数字化媒体不得不适应读者新的阅读习惯，要让读者在碎片化的时间里更加愿意阅读《纽约时报》的新闻内容，就必须提高其内容的易读性。如前所述，在碎片化时间里，大多数读者对长篇幅的文章没有耐心，因而《纽约时报》大幅度

① Andrew Beaujon. New York Times employees preview redesigned homepage[EB/OL]. (2013-10-28)[2022-09-01]. https://www.poynter.org/news/new-york-times-employees-preview-redesigned-homepage.

增加了内容更加精炼的短文章数量，同时，随着读者越来越多元，《纽约时报》按照话题和推送平台的差异，调整了报道的文风，不再是千篇一律的严肃新闻，而是间插着各种爆料和年轻人常用的网络语言。在内容版面的风格上，简约、流畅的特点始终体现在《纽约时报》的数字化平台上。同时，《纽约时报》兼顾了读者对栏目多样性的需求，除了将自身独有的专栏和深度评论等栏目进一步发扬光大之外，还增加了与读者日常生活有关的服务类新闻栏目，吸引了大量读者。在线上线下融合方面，《纽约时报》也进行了很好的创新，不仅在版面风格上实现了数字版和纸质版的融合，而且把各自的优势栏目和热点内容进行了分享，在相当程度上提高了《纽约时报》的客户满意度，给读者以眼前一亮的感觉："这正是我想要阅读的。"

（2）改善可视化水平以创新新闻内容

相比于枯燥的文字新闻，运用多媒体技术特别是视觉技术可以很好地提升用户的阅读体验，《纽约时报》在运用新技术提高新闻的可视化方面有其独到之处，它运用多媒体技术、VR 技术在叙事新闻、互动新闻、视频直播、场景化沉浸式体验等方面都进行了卓有成效的探索和创新。这些创新，不仅丰富了新闻的表现形式，还大大提高了用户的消费体验。

（3）提高读者参与度以创新新闻内容

鼓励读者积极参与对提升媒体的内容质量大有裨益。《纽约时报》在提高读者参与度方面积累了很多成功经验，如在重要的体育赛事报道中通过短消息发布赛事信息，鼓励读者互动反馈，以及应用虚拟现实技术实现短视频在社交平台上的交互报道等，都深受用户欢迎，极大地激发了用户的参与热情。

除了以上通过技术的应用提高用户参与度之外，《纽约时报》还在组织体系上做了创新。2017 年，《纽约时报》成立了专门部门——读者中心来承担建立与用户互动平台的职责。新部门成立不久就利用社交软件 Facebook 建立视频直播平台、利用 Twitter 账户发布每日简报、借助周日评论版面讨论热点话题等，很大程度上丰富了用户参与互动的渠道，由于有了这些渠道，用户参与的积极性大为提高，甚至有的用户还被邀请到读者中心参与栏目的设计。

为了进一步提高用户的参与度，《纽约时报》还将新闻内容的评论功能覆盖到几乎所有的新闻内容，这一举动，不仅能为读者中心收集到更多的用户意见，还得到了海量的用户数据，为其后续的大数据分析以及内容的精准营销、精准制作提供了大数据资源。

4.《纽约时报》在商业模式方面的创新

早在21世纪初，《纽约时报》同美国的一些其他报纸一样都尝试过付费墙。但是在2011年以前，无论是“硬”付费墙还是“软”付费墙都基本上以失败告终[①]。但随后《纽约时报》在付费墙的收费模式上取得了成功，其数字新闻按量收费的模式大受欢迎，这表明优质内容能吸引到真正的付费读者。随后，《纽约时报》不断优化其数字新闻收费策略，真正形成了付费墙收费体系。

(1) 推行差异化的收费策略

《纽约时报》付费墙采取三种收费方式：第一种收费方式是用户登录《纽约时报》网站，开通App应用，实行首月免费、以后按季付费；第二种收费方式是用户登录《纽约时报》网站，开通App应用、NYtimes Crossword和NYtimes Cooking，实行首月免费、以后每月付费；第三类收费方式是用户登录《纽约时报》网站，开通App应用，同时订阅Home Delivery和NYtimes Cooking，实行每周付费。无论选择哪一种付费方式，用户在《纽约时报》网店、电影俱乐部、酒品俱乐部购物都可以享受打折优惠。此外，《纽约时报》针对美国的在校师生，采取“订阅优惠”或“免费订阅”政策。《纽约时报》这种基于不同用户群体出台的定价区隔策略，既增加了老用户的黏性，又吸引了新的用户群体，特别是能为公司带来未来稳定收入的年轻一代读者。

(2) 探索共享用户的订阅模式

细分《纽约时报》的用户群体，可以发现相当多的年轻群体除了阅读《纽约时报》之外，还是音乐或者视频爱好者，有的还热爱户外运动等。为此，《纽约时报》主动和音乐、视频服务商合作，对双方共同的用户出台捆绑优惠政策，这样不仅能扩大双方的用户规模，还可以增加用户的忠诚度和满意度，其中最具代表性的案例就是和Spotify公司的合作。

(3) 创新新闻内容生态链合作

在新闻内容传播这一生态链中，《纽约时报》是内容生产者，社交媒体是信息传送平台，终端厂商则负责内容的呈现，互联网公司提供用户的位置服务，等等。围绕客户的消费体验，各方各有所长又各有所需，《纽约时报》看到了其中的商机，主动与其他参与方合作开发不同的内容产品，提升生态链价值，提高客户满意度。其中有典型代表性的产品包括：与地图服务商合作，将新闻报道与地址服务相结合；与终端产品商合作，向用户提供高品质保障VR内容；与社交平台合作，向特定用户推出定制化内容产品；等等。

---

① 陈宪奎，刘玉书. 付费墙：《纽约时报》的数字化转型与美国报业的发展[J]. 美国研究，2015，29(2)：112-131.

(二)《华盛顿邮报》的媒体融合创新

《华盛顿邮报》作为老牌传统媒体，在互联网时代新媒体突飞猛进的时期其经营也一度出现了大幅滑坡，处在破产的边缘。2013 年 8 月，华盛顿邮报公司被贝佐斯以 2.5 亿美元收购后实现了华丽的数字化转型，其在技术、商业模式、营销等方面都展开了非常成功的创新。

1.《华盛顿邮报》在生产组织方面的创新

贝佐斯并购华盛顿邮报公司后将其定位为提供全媒体服务的互联网公司，将亚马逊数字化运营经验和经营思路与《华盛顿邮报》的内容生产优势结合起来，着手建立自己的核心技术团队，以此打破媒体领域的一个怪圈——最能够创造内容的新闻出版企业使用落后的 IT 技术和水平低下的行业应用。贝佐斯希望打造自己的核心技术，构建业界领先的新闻出版行业。

《华盛顿邮报》通过 Arc Publishing 项目把 IT 技术人员和媒体生产人员整合起来，构建了一个协作组织。新闻编辑人员和 IT 研发人员围绕提升用户浏览体验、保障内容质量的目标不断在需求和 IT 技术实现上提出解决方案并持续迭代，实现用户的最佳体验并提高用户的点击通过率(Click-Through-Rate，CTR)。另外，通过广告技术团队整合广告人员和 IT 研发人员，他们相互协作，使业务、广告、IT 有机地相互促进。

2.《华盛顿邮报》在技术应用与开发方面的创新

基于互联网思维的技术创新是《华盛顿邮报》的一大创新亮点，它以打造更宽广的视野和更高效的平台为使命，将公司的经营带到了新高度。具体说来，《华盛顿邮报》的技术创新遵循了以下两个原则。

用户体验至上原则是第一个原则。与 Huffington Post、BuzzFeed 等新媒体公司利用搜索引擎、社交媒体的独特算法来提高内容曝光率、点击率，借此向广告商收取较高的广告费(这种方式的弊端在于牺牲了用户感知，可能导致用户的不满，损害企业声誉和权威)相反，《华盛顿邮报》将内容作为核心竞争力，始终关注用户的阅读和浏览体验。其运用互联网技术优化网页及其布局，移除满足广告业主需求的跟踪程序，还在不牺牲内容质量的前提下提高桌面端页面的加载速度，使平均加载速度由 7 秒降低到不足 2 秒，无论是对阅读文章、看视频的用户，还是玩游戏的用户来说，使用体验都大大提升了。

第二个原则是聚焦行业数字化转型的痛点。媒体行业在数字化转型中，主要存在两个痛点：一是缺少媒体行业数字化转型的信息化支撑平台，大企业自建平台耗时、费力、成本高，小企业更是心有余而力不足；二是在平衡内容质量、广告信息深挖与客户浏览体验的矛盾中缺少合适的技术手段。2014 年，《华盛顿邮报》推出了云服务 SaaS 产品“Arc Publishing”出版/内容管理系统以解决第一个痛点。Arc Publishing 的核心功能涵盖了媒体公司生产流程各主要环节的信息化实现，包括内容生产（如网页制作）、收费管理、内容测试、渠道分发、大数据分析等。采用 Arc Publishing 后，《华盛顿邮报》新闻生产团队的效率大为提高，目前其新闻报道的生产能力为每天约 500 篇，较《纽约时报》的效率翻了一番。从人员规模来看，《华盛顿邮报》的新闻生产团队约有 700 人，而《纽约时报》的规模是《华盛顿邮报》的近一倍。

针对第二个痛点，《华盛顿邮报》的“广告技术”Red 团队推出内容推荐引擎 PostPulse 和网页加速模块 Zeus 两个产品。前者应用在内容推荐和广告个性化推送方面，使媒体公司可以在控制广告内容总量的同时提升广告精准度和效率，并在移动端持续进行广告内容的客户体验优化。后者对用户桌面 PC、移动设备和 App 应用程序的页面上所有的广告内容进行了加载优化，可以在 2 秒内加载完毕。在网页加速功能的基础上，这个模块还具有优化广告内容的可见度、识别广告欺诈以及反广告屏蔽等功能。

由以上可见，《华盛顿邮报》一流信息技术应用团队的技术创新使内容优势更加凸显，生产效率也大大提高，用户的体验得到提升。

3.《华盛顿邮报》在内容方面的创新

《华盛顿邮报》的内容创新不仅着眼于保持原有传统媒体的高品质，更在于提升全媒体制作能力，大力发展手机端的视频业务，提升其新闻报道的广度和时效性。

（1）Uber 模式创新调查性报道和行业深度报道

《华盛顿邮报》十分注重调查性报道和行业深度报道。为了达到报道的效果，《华盛顿邮报》不惜加大资源上的投入，一方面强化自有队伍力量，在 2016 年新增 100 名记者和 35 名工程师，2017 年又新增 60 名记者；另一方面扩大自由员工队伍，建立基于 Uber 的内容制作专车模式等用来增强调查性新闻队伍的力量。为此，《华盛顿邮报》推出了线上平台——“才华网络”平台，吸引网络自由职业者撰写稿件，促成新闻媒体组织与自由撰稿记者的合作。

（2）加强突发新闻可视化

《华盛顿邮报》认为视频特别是移动端视频是传媒行业的重要发展方向，为此《华盛顿邮报》加强了视频团队的力量，突发新闻报道团队还增加了视频和音频的相关编辑职位。例如，2017 年年底该队伍就有近 70 人。《华盛顿邮报》的视频战略是要提供“高质量的视频”，这是其视频战略布局计划中的重要组成部分①。

所有这些举措给《华盛顿邮报》的内容转型提供了较好的保障，在保障优质内容的基础上，报道覆盖的地理区域越来越大，内容越来越有吸引力，用户也越来越多。

4.《华盛顿邮报》在商业模式方面的创新

除了设立付费墙，《华盛顿邮报》的商业模式创新主要体现在云计算付费、云平台内容分发传播以及大数据营销等方面。

(1) 将核心竞争力打包为云服务产品变现

《华盛顿邮报》将功能强大的新闻行业出版及内容管理系统包装成云服务给其他媒体同行使用。Arc Publishing 采用云计算领域常见的按需付费，即按照云平台上内容的访问量(点击量)付费。这种付费方式体现了公平性的同时，极大地发挥了数字经济中所谓的平台经济的汇聚效应。优秀的云服务产品为其客户赋能，使其高效生产优质内容，吸引最终用户前来浏览、消费，形成基于云服务平台的良性集聚效应，云服务按访问量收取费用，各方都满意。《华盛顿邮报》透露此项业务收入在 2017 年即达到 1 亿美元，而《纽约时报》全年印刷媒体广告收入也只有 2.2 亿美元②。

(2) 发挥云平台的集聚效应以打造内容传播的生态圈

《华盛顿邮报》Arc Publishing 云服务平台的商业变现空间非常广阔。每一个使用 Arc Publishing 服务的媒体机构都将其内容存放在这个云平台中，这些内容除了供媒体机构自身读者访问外，还有在媒体机构间分享、引用乃至交易的可能。不同领域的媒体、不同区域的媒体、不同深度的媒体的内容需求具有互补性，海量内容在这个云平台集聚，构建了内容传播的生态圈。目前全球至少有 250 家报纸和《华盛顿邮报》签订了合作协议。对于那些规模较小的报纸来说可以便捷地获取更多的新闻内容，对于《华盛顿邮报》而言也可以借助这些报纸的网络推广自己的报道内容，从而获取国内外的潜在付费读者。从 2015 年到 2016 年的一年时间里，Arc Publishing 平台的作用得到了充分发挥，接待了近 4 800 万访问者，一年内访问量提升了 63%。

建设内容传播的生态圈对于《华盛顿邮报》来说是开启了新业务增长空间，虽然这种新尝试能带来多大的业务收入尚未可知，但我们已经看到借助云服务和内容传播生

① 传媒评论. 贝索斯时代的《华盛顿邮报》运营策略：视频创新至上[EB/OL]. (2017-06-29)[2023-09-01]. http://www.sohu.com/a/153024574_644338.

② 李军.《华盛顿邮报》：从老派纸媒到云计算先锋[EB/OL]. (2018-06-25)[2023-09-01]. https://finance.ifeng.com/c/7e12Q0kFZAo.

态圈的建设，《华盛顿邮报》的行业影响力得到了大幅提升。

（3）利用互联网营销提升付费订户规模

数字化转型中的《华盛顿邮报》十分推崇“获客、养客、转化”的互联网营销之路。《华盛顿邮报》的第三方平台获客的渠道有 Facebook 和 Snapchat 等知名社交网站，2017 年 10 月 Snapchat 数据显示，平台每天能吸引 1.78 亿日活跃用户。这款 App 通过该应用程序将自身与年轻用户联系起来，成了很多新闻媒体新媒体策略的重要板块[①]。通过第三方平台，《华盛顿邮报》运用大数据分析精准对接用户的兴趣点，发布订阅信息，采用先试后买的策略，吸引用户下单。除此之外，《华盛顿邮报》还制定包括免费、低价、权益交换等灵活策略实现薄利多销。

基于一系列的创新，《华盛顿邮报》的数字化业务有了快速发展。2017 年 9 月，其官方数据显示，数字化付费订阅用户跨过了 100 万大关，在百万数字化付费用户的报业俱乐部中排名第三[②]。

（三）CNN 的媒体融合创新

1980 年 6 月特纳广播公司创办 CNN[③]。全球化是 CNN 的核心竞争力之一，CNN 国际新闻网每周 7×24 小时进行全球直播报道，对于突发新闻 CNN 都有现场报道，CNN 的节目广受欢迎，全球有 210 多个国家和地区转播其新闻。

从 2013 年全面实施新媒体发展战略后，CNN 媒体融合的步伐加快，它借助先进技术和专业化的新闻团队，打造全球时政新闻热点最快时效的核心竞争力，以 Newssource、iReport、Great Big Story（GBT）三驾马车着手基于内容开放平台的创新并取得了较好的效果。2016 年，CNN 新媒体在美国市场单月 6 项指标（多平台独立访问量、总浏览量、访问时长总量、视频播放次数、视频播放时间、社交媒体总量）排名第一。

1. CNN 在生产组织方面的创新

为了更好发挥传统媒体和新媒体的融合优势，CNN 将新媒体编辑部和电视编辑部的组织结构做了深度融合。公共资源记者、新闻素材等为新媒体部门和电视部门共享，主编室（DESK）和媒资部（Media Operation）负责进行支撑和调配。新媒体部门

---

① Paxtyn Merten. 华盛顿邮报透露的运营新媒体四条秘诀[EB/OL].（2017－12－05）[2023－09－01]. https://baijiahao.baidu.com/s? id=1585917536836818939&wfr=spider&for=pc.

② 李军.《华盛顿邮报》：从老派纸媒到云计算先锋[EB/OL].（2018－06－25）[2023－09－01]. https://finance.ifeng.com/c/7e12Q0kFZAo.

③ 陈潇，陶金姬. CNN 节目特色及其经营之道研究[J]. 新闻战线，2016(18)：59－60.

和电视部门共同参加全平台生产会议，提出资源需求并向其他部门输出新媒体服务支撑。

CNN新媒体部门则按照主要生产流程调整划分为数字新闻采集节目部、数字新闻编辑部、数字产品部。数字新闻采集节目部内部的职能划分包含了媒体常见的策划、新闻推送、新闻邮件、热门趋势等职能，同时还设立了与新媒体的需求和特点相匹配的跨平台协调、社交、搜索引擎优化、数据分析等职能。数字新闻编辑部形成职能和题材两个维度的矩阵[①]，其中职能维度包括视觉制作、图片新闻、评论、互动新闻制作、数字可视化、视频、长期项目等，题材涉及政治、新闻、国内、财经、健康、科技等多个板块。而数字产品部实际上是一个技术支撑和研发团队，负责新媒体传播端到端(从内容平台到客户终端)的软硬件研发，包括移动设备、可穿戴设备、OTT TV、网页加速、通信网络适配、流媒体技术等，数字产品团队不仅确保CNN的主要内容视频能高质量地传送，而且确保用户有愉悦的视频浏览体验。

CNN组织架构的重新调整不仅有利于新旧媒体融合，还有利于技术团队与媒体在生产环节紧密协作，保障媒体生产对技术支撑的需求能得到快速响应，也能高效实现技术团队对内容发布传播单元需求的无缝对接。

2. CNN在技术应用与开发方面的创新

CNN热衷于新技术的应用，早在1991年就采用卫星通信实现现场报道，后来发展到研发定制卫星视频电话、租用卫星转发器、组建全球卫星电视转播网，以稳固其全球化新闻报道时效性的核心竞争力。为抢占新媒体传播领域，CNN与视频网站YouTube，即时通信Facebook、Twitter等合作。例如，在2008年美国总统大选直播期间，CNN使用魔术墙(Magic Wall)触摸屏技术，采用多视窗对话、VR等高科技手段，创下大选中收视率新高；为了适应移动通信成为视频新宠的趋势，CNN与主流手机厂商合作，定制视频手机并推出手机电视业务。通过采用以上先进技术，CNN网站的新闻直播频道CNN.com LIVE不仅打破了机械地将电视节目照搬到网上的定式，而且实现了内容的精品制作，充分彰显了CNN内容品牌特质，加之内容呈现科技感十足、互动性强，用户的阅听体验也有很大改善。这无疑有利于增强CNN与用户的黏性。

3. CNN在内容方面的创新

CNN在内容创新方面有两个很明显的特点。一是基于高品质、全球化、高时效性的内容构建立体的内容开放体系，包括打造业界高水准的新闻资料库，提供公众播报平

① 本书作者对时任CNN Digital主编Meredith Artley的访谈，2016-04-06.

台 iReport，推出面向年轻群体的 GBT 应用等。二是借助社交媒体的优势，提升内容质量和关注度。如 CNN International 的“CNN Talk”节目在电视台和 Facebook 平台同时直播，在这个节目中，嘉宾的深度讨论以及与观众互动是亮点，大量观众评论会加入主持人和嘉宾的讨论中，因而更准确地反映了普通大众关注的热点。因此该节目很受欢迎，观众因参与其中而有成就感。

CNN 推出的公众播报平台 iReport 被业内称为内容创新典范。CNN 与 Facebook 等社交媒体达成协议，允许用户在社交平台上把内容上传到 CNN 的 iReport 上。用户也被鼓励参与到 CNN 新闻的采集、制作与传播之中，大量的用户投稿更为 CNN 建立起了一个“大数据”的资源空间。转向社交化后 CNN 可以汇聚社交平台的信息到 iReport 上，社交平台上用户发出的报道也为 CNN 新闻播报提供了快捷实时的第一手素材。例如，2011 年 3 月 11 日日本发生地震，CNN 第一时间以突发新闻形式进行播报的同时，还收到在现场公众传至 iReport 的大量第一手有关地震发展动态的信息，可以说，日本地震新闻的播报是公众和 CNN 一起合作完成的。根据 iReport 上的热门话题，CNN 就可以聚焦热点有针对性地进行深度报道，这样的内容自然是大多数观众所欢迎的，如 iReport 上的“TOP Assignment”专栏最受用户关注。

4. CNN 在商业模式方面的创新

CNN 的商业模式创新与《华盛顿邮报》有相似之处，双方都是通过打造内容开放平台，输出自己的核心优质内容，集聚更多他方的内容和客户，实现价值变现。不同的是《华盛顿邮报》输出技术能力，提供云服务，采取前向收益分成模式，而 CNN 输出自有高品质内容图书馆，提供内容检索服务，采用后向收益分成模式。

CNN 的内容开放平台是 CNN Newssource，它是一个内容共享平台，CNN 把其自 1980 年以来的视频节目存放在 CNN Newssource 平台上，面向公众提供免费检索和下载服务，这是美国媒体业界独一无二的开放资源库。这项服务不仅大大提高了 CNN 的行业美誉度和话语权，产生很好的广告效应，而且为行业发展和人才培育做出了较大的贡献。这个平台同样也具有很好的商业价值。首先是平台集聚的优质资源吸引了大量访问者；其次是其为小型新闻机构提供了展示平台，CNN 通过 Newssource 的影响力吸引全世界小型新闻机构将独家视频上传至 Newssource 上，上传后视频将成为 Newssource 视频资源的一部分，并根据大数据分析和筛选，挑选优质内容发布到 CNN 的各个渠道。

Newssource 在吸引用户和优质内容方面都发挥了很好的平台汇聚功能，以上两点又使平台具备了很高的广告价值，大量的广告主把 Newssource 当成了很好的广告发布平台。CNN 深谙互联网平台商业模式之道，它设计了广告收入由发布者、CNN、平台供应方按 4∶3∶3 的比例分配的模式，构建了三方共赢的机制，形成了内容集聚、用户扩张、平台增值彼此相互促进的良性循环效应。

（四）新华社的媒体融合创新

新华社是中国国家通讯社和世界性通讯社，致力于在传统和新兴媒体领域成为国际一流的通讯社，其新闻信息采集网络覆盖全球，拥有完备的新闻发布体系。新华社在媒体融合上持续发力，“新华网”已成为国内知名的综合性新闻信息服务平台，并拥有“新华视点”“新华国际”等网上信息品牌。①

1. 新华社在生产组织方面的创新

近年来，新华社在生产组织上进行了大胆创新，为满足全程媒体、全息媒体、全员媒体和全效媒体等“四全媒体”的发展需要，创新了“现场新闻”生产模式，实现新闻采集、生产和播发的全在线生产模式。“现场新闻”应用先进移动通信网络技术，以在线直播的方式实时把全真现场呈现给观众。这种生产方式给新闻生产全流程带来了翻天覆地的变化，主要体现在以下两个方面。

（1）生产场所线上化，生产流程即时化

面对新媒体的竞争，“现场新闻”借助高速移动通信网络、高性能智能终端和大数据、云平台、人工智能等技术，打造了功能完备、高效便捷的基于移动的在线生产机制，实现了工作流程一体化，大幅提升了新闻报道的即时性。

（2）要素整合化，组织融合化

新闻直播的现场记者不再是文字记者、摄影记者，而是全媒体记者。现场记者与后台编辑部人员协同生产，现场记者先整合现场素材，并共享给后台编辑，共同完成新闻采、编、发的全流程。这种生产模式要求整个流程的各岗位人员都要具备全媒体生产技能，并打破原有组织边界，采、编、发人员围绕新闻生产即时并行工作。

2. 新华社在技术应用与开发方面的创新

新华社积极探索新媒体技术的开发和应用，比较有代表性的是媒体人工智能平台“媒体大脑”和数字主播“AI 合成主播”②。这两项技术应用在国内具有先创性和引

---

① 新华社简介[EB/OL].[2023-09-3]. http://203.192.6.89/xhs/static/e11272/11272.htm.

② 李仁虎，毛伟. 从“AI 合成主播”和“媒体大脑”看新华社融合创新发展[EB/OL].(2019-08-08)[2023-04-01]. https://www.xinhuanet.com/politics/2019-08/08/c_1124850634.htm.

领性。

新华社在 2018 年基于人工智能“分身”技术开发了“AI 合成主播”，开创了媒体界实时音频与 AI 真人形象合成的先河。“AI 合成主播”根据记者输入的文本内容生成新闻视频，大大提升了电视新闻的制作效率，显著降低了制作成本。其“AI 合成主播”新小浩、新小萌自面世以来，已播报新闻数万条。

2017 年新华社推出了“媒体大脑”平台，实现了新闻业务运营全流程的数字化和智能化，包括自动采集生产新闻、新闻智能分发、语音识别转写、版权自动监测、人脸核查、用户画像、智能会话、语音合成等。支撑“媒体大脑”运行的核心技术主要有两项：大数据和人工智能算法。“媒体大脑”将新闻生产全流程分解为类似智慧工厂的流水线，并借助人工智能算法对流水线进行组装调配。“媒体大脑”运作的关键是生产的数字化，包括将各种媒体资料数字化，同时这些数字化资源又能在新闻生产时被智能化调用。“媒体大脑”将信息内容数字化，成为尽可能小的可标记、可检索的数字颗粒，再通过 AI 算法进行精细化调用，达到按需高效生产新闻的效果。

3. 新华社在内容方面的创新

新华社很重视新闻产品创新，积极探索新的媒体形式，如在社交媒体上，通过在微信、微博、抖音、哔哩哔哩等平台（图 2－1）开设官方账号，用更加接地气的方式向大众传播新闻信息，赢得了广泛的好评。

图 2－1　新华社入驻抖音、哔哩哔哩的账号

新华社还推出了多种数据可视化新闻产品，这些都是新媒体内容创新的体现。可视化新闻是新华社在新媒体内容创新方面的一项重要实践。它将新闻信息以视觉化的方式呈现，让读者更加直观地理解和接受新闻内容。

新华社的可视化新闻比较常见的是数据可视化新闻，它通过数据可视化的方式，将复杂的新闻数据进行处理和直观呈现，使读者能够更加清晰地了解新闻数据的内在联系和趋势。例如，《数读"天宫"三十年》通过数据可视化的方式展示了中国空间站"天宫"三十年的建设历程。该报道的优点在于，通过数据可视化的方式，将复杂的科技信息转化为易于理解的数据和图表，为读者提供了更加直观、全面的信息。同时，报道的交互式设计也让读者更加主动地获取信息，增强了阅读体验。

其他创新还有静态可视化、动态可视化、交互可视化等内容形式，其本质都是将数据信息展现得更直观易懂，而在可视化的表现形式上则各有特色。

4. 新华社在商业模式方面的创新

新华社在商业模式上的创新主要包括产品创新、产业融合、数字化转型和多元化经营等方式，而基于"现场新闻"产品的"现场云"服务是其最有新意也是最成功的商业模式。

"现场云"是新华社的原创新闻移动化在线生产平台。这种在线生产平台不仅满足了新华社对于内容创新和快速发布的需求，还进一步提高了新闻生产的效率和质量。2017 年 2 月，新华社将其"现场新闻"直播态产品以"云服务"的方式向全国开放，国内媒体机构都可以以"云服务"的方式使用其"现场新闻"的一站式解决方案。经过多年实践，"现场云"已成长为主流媒体中技术最成熟、用户最广泛、效果最显著的新型媒体资源聚合平台。

在内容生产方面，通过"现场云"系统，用户以租户的方式一步跨入全息直播时代。"现场云"为用户提供服务器、通信网络等基础资源，支持用户实现零成本运营，媒体和机构用户在线生产的直播报道在各家自有的客户端、微博、微信、网站落地。新华社在机构用户提供新闻信息产品的基础上提供新闻生产的技术服务。

在传播分发方面，新华社还为"现场云"用户提供自有的优质分发渠道，媒体机构发布的优质现场新闻可以由新华社客户端调用展示，加工后的优质内容可进一步分发到新华网、新媒体专线等新华社自有传播渠道。

截至 2023 年 6 月，加入"现场云"平台的机构用户接近 5 000 家，日均发起直播 1 000 多场。通过在云端搭建全媒体生产传播一体化资源中心，不断优化升级技术、产品、体验，"现场云"进一步构建主流媒体共建共享的新型传媒生态。[①]

① 周继坚，周杉. 新华社现场云：新型媒体资源聚合平台的创新与实践[J]. 传媒评论，2023(5)：15－17.

三、媒体融合创新实践的启示

媒体适应时代发展趋势主动创新，走上融合发展和创新发展之路，本节结合媒体融合创新实践中的成败得失，总结出一些启示作为研究参考。

（一）媒体融合的出路在于创新

熊彼特曾作过这样一个形象的比喻，“你不管把多大数量的驿路马车或邮车连续相加，也决不能得到一条铁路”①。这个比喻是为了说明创新的价值。创新是为了实现经济革命性的突破和发展。熊彼特的经济发展观同样适用于传媒业。在数字化时代，全球范围的传媒正在进行一场声势浩大的媒体融合运动。媒体融合不是传统媒体和新媒体的简单相加，不是内容在不同平台的简单挪移，不是媒体组织的部门和员工数量的增减，也不是传统商业模式的简单复制或套用。媒体融合首先要通过创新，使媒体内容生产、组织形式、技术应用、商业模式等实现革命性的变化。在这场革命性的变化中，媒体的创新在媒体融合过程中起着举足轻重的作用。媒体融合要通过不断挖掘媒体未利用的资源，并将这些资源进行重新组合，使得媒体组织经济实现革命性的突破和发展。现代传媒业应该将创新作为取得媒体融合的根本途径和手段。

（二）创新要着眼于媒体融合的核心层面

媒体融合创新不只限于技术创新、内容创新、组织创新和商业模式创新。然而，在资本、政策、发展规模等其他因素相对稳定不变或与其他媒体组织在这些因素条件方面大体相当的情况下，技术、内容、组织、商业模式的创新对于媒体组织发展的重要性是不言而喻的。相较于媒体融合中出现的其他问题，如所有权融合、传媒规制融合等问题，如何在技术、内容、组织、商业模式这四大方面创新已成为目前媒体融合演进发展最具挑战性的核心问题。一个媒体组织是否在这四个方面有优于其他媒体组织的创新，决定了这个媒体组织未来竞争优势的大小。在全球媒体融合正朝纵深方向发展演进的过程中，技术创新、内容创新、组织创新、商业模式创新对于实现媒介技术、内容、组织的深度融合和新的成熟商业模式的建立具有重要现实意义。

---

① 张瑞林，李林．熊彼得创新理论与企业家精神培育[J]．中国工业评论，2015(11)：94－98.

（三）媒体融合要注入企业家精神

“企业家”是以实现“新组合”为职业的人，是率先创新的人。企业家精神与组织的规模和性质无关，它“专注于机遇”，“创新”是企业家精神的集中体现。“在没有创新的情况下，经济只能处于一种‘循环流转’的状态”①，经济增长只能是数量的变化，并不能实现质的飞跃。只有具备企业家精神的人，才能通过“创造性的破坏”推动经济结构从内部实现革命性变化，从而推动经济发展。

媒体融合的情形也是如此。一个媒体如果不实行企业化运作模式，领导层不具备企业家的创新精神，媒体融合就断然不会有“创造性的破坏”，也不会有质的飞跃，这样技术融合、内容融合、组织融合、平台融合等一切层面的融合只会停留在融而不合的“循环流转”状态。随着传媒产业竞争加剧，以创新为主要特征的传媒企业家将成为快速推进媒体融合发展的中流砥柱。

（四）正视创新的价值和风险

创新虽然已成为这些媒体融合发展中的常态，但并不意味着它们所有的创新努力都一定会获得成功。《纽约时报》的多孔计量付费墙几经周折最终成功，NYT Now 和 NYT Opinion 两款移动新闻客户端均没有吸引到预期的用户订阅量，后者被迫关闭。NBC 意在“改变美国电视业未来”，大胆尝试在电视黄金档播出脱口秀节目的创举，结果收视率直降，变成一场令 NBC 在电视界备感尴尬的闹剧。创新虽然有风险，但是，正如 NBC 左岸（Left Field）视频实验小组负责人 Matt 所言：“我不知道创新是否有未来，但至少值得去想，应该去尝试。”

媒体融合创新是一把双刃剑。媒体融合创新对传媒也有一定的消极影响。其一，媒体在创新中过于强调技术手段如 VR、大数据、人工智能等新技术的使用，内容呈现形式追求酷炫，造成新闻的娱乐性、过度商业化、严肃文风弱化等取向，产生一定的消极作用。其二，媒体融合创新的目的是减少成本、人力、物力的投入，但实际上许多编辑记者忙于适应不断变化的新媒体工作环境，在多个媒体平台之间切换，分散了投在内容制作上的精力，加之编辑、记者过度依赖社交媒体等渠道获取新闻信源，他们被笑侃为“前台记者”（Desk Reporter），这导致调查性报告、解释性报告和国际报道三大板块衰退萎缩。路透社 2015 年发布的报告显示，美国报纸的长篇新闻报道数量在过去 10 年呈大幅下跌趋势。其三，媒体在数字盈利模式的创新中提倡多元化经营，这虽然对主体经营起到

① 熊彼特. 经济发展理论[M]. 孔伟艳，朱攀峰，娄季芳，译. 北京：北京出版社，2012.

一定的财政支撑作用，但多线经营、增值服务和跨业经营的收入比重不断增加，主营业务和非主营业务略有失衡，同时也造成新闻内容过度包装，伪新闻、假新闻泛滥，商业主义和新闻专业主义的失衡等现象。另外，网络新闻把关人的缺失，社交媒体上一些自杀、枪击暴力等视频的流出，也引发了众多传媒伦理问题。

第五节　本章小结

本章具体分析了全球媒介因素变化对传媒产业发展的影响，这些变化因素包括媒介技术、全球传媒产业结构、国内外市场环境、传媒集团化发展表现、传媒资本运作、传媒规制政策等方面。这些因素驱动了媒体和新闻机构数字化转型和媒体融合。本章还沿着媒介技术颠覆性持续迭代演进的脉络，分析了媒体包括早期网络化数字化转型阶段、大数据驱动阶段和人工智能驱动阶段等的融合历程，在此基础上总结了媒体融合发展策略及其不同阶段的特征。

在对媒体融合的整体概述基础上，本章进一步研究分析了一些有影响力和代表性的传媒和新闻机构在媒体融合中的创新实践，包括《纽约时报》、《华盛顿邮报》、CNN、新华社等。同时，通过分析和探讨这些媒体创新的动机，重点探讨了在技术、内容、组织和商业模式各个方面创新的具体举措。另外，本章还对我国媒体融合中创新提出了建议和对策。

《纽约时报》、《华盛顿邮报》、CNN、新华社媒体组织机构的创新，是传统媒体在媒体融合进程中创新探索的典型案例。在技术创新方面，这些媒体着眼于内容管理平台技术创新、内容数据开放平台技术创新、受众分析的大数据应用、作为媒介的VR和人工智能应用创新等。在内容创新方面，其着眼于可读性、趣味性、互动性，开创了多媒体融合叙事和数据新闻叙事形式。在内容信息呈现方面，注入360度全景沉浸式虚拟现实以及人工智能新元素。在组织创新方面，这些媒体实现了从物理空间的融合到组织层面融合的转变。曾经的组织部门层级观念和运作方式被剔除，代之以开放、透明、对话、互动的新组织运行机制。在商业模式创新方面，不仅体现在创新数字内容付费的多种付费模式，如《纽约时报》的多孔计量付费、合作订阅定制模式，《华盛顿邮报》的“杠铃”付费策略、视频广告模式，还体现在CNN“全息影像”播报等视频创新。这些媒体组织机构的技术创新、内容创新、组织创新和商业模式创新，对媒体融合的实际运作均有较好的借鉴意义。

媒体融合创新的层次远远不是仅限于技术创新、内容创新、组织创新和商业模式创新，创新的媒体组织和机构也绝不只有传统媒体或老牌媒体。然而，相较于媒体融合中出现的其他问题，如所有权融合、传媒规制融合等问题，技术、内容、组织、商业模式成为目前媒体融合演进发展中传媒组织自身亟待破解的四大最具挑战性的核心问题。

第三章

媒体组织的跨界变革与创新：价值共创的视角

价值创造是包括传媒组织在内的所有商业机构或企业生产经营的主旋律和终极目标。现代传媒在近二十年的媒体融合探索实践中，深受“互联网＋”经济思潮的影响，以及以移动通信技术、多媒体技术、大数据和人工智能为代表的前沿媒介技术的推动，其价值创造主体构成和价值创造方式正在发生显著的变化。越来越多的媒体消费者（或媒介用户）积极参与到媒介内容的创意生产、分发营销、开发创新等活动中，成为媒体之外的另一大重要生产传播主体，他们不再仅仅是内容的使用者和消费者，还是内容的生产者，与媒体全程互动协作，共创价值——为媒体和消费者各自创造价值。作为一种典型的 B2C 价值创造模式，媒体与消费者的互动合作正在颠覆性地改变着媒体传统的生产传播方式和价值创造方式，凸显消费者对于媒体数字化生存和发展的价值。

本章聚焦媒体与消费者这两个价值共创主体，探讨媒体价值共创的逻辑、消费者参与价值共创的动机、媒体与消费者作为价值共创主体的角色功能以及媒体与消费者在价值共创中的价值取向。

第一节　媒体价值共创的逻辑

研究媒体与消费者价值共创，应厘清在研究价值共创中需要重点关注的方向性领域。笔者认为，在媒体价值共创中比较重要的领域有关系逻辑、资本逻辑、生产逻辑和技术逻辑。

一、关系逻辑

网络互联的实质在于连接创造价值。对媒体来说，与受众建立庞大的强关系网络就是为了成就媒体价值。传统媒体时代的媒体依赖庞大的忠实受众，从中获取大的发行量，并向第三方兜售广告获取收入。新媒体时代的媒体则是依靠“粉丝”和网络浏览量以实现内容变现，并依托可观流量向第三方兜售广告，此所谓“得用户者得天下”。那么，优质的用户“粉丝”从何而来？如何与他们建立良好的关系？

互联网模式下企业经营通常采取“获客、养客、转化”的三部曲来实现营收。“获客”是指通过互联网化的方式吸引潜在用户关注企业，成为企业的注册用户，常见的方式是通过媒体的网站、App 客户端、社交软件平台等触达潜在用户，企业提供大量的免费内容吸引用户成为注册用户。“养客”是指媒体企业努力提升注册用户的活跃度，通过系列运营行为引导用户逐步向订阅用户转变。媒体企业通过内容运营、活动运营吸引用户的注意力和关注度，进而进行点赞、评论、转发等互动行为，事实上，用户浏览内容的行为对媒体企业来说也是一种互动。企业在与用户的互动过程中掌握用户的喜好，用来对内容和活动进行迭代优化，进而提升内容的品质和用户的消费体验。“转化”是指依托媒体提供的差异化品质的内容吸引注册用户成为订阅用户，这是互联网常见的所谓“先试后买”的转化模式①。

以《纽约时报》的付费墙为例，该报通过数字化转型以免费阅读的方式吸引了大量的网络用户，同时不断改善数字媒体的可读性，优化网络版的页面风格、削减长篇幅内容、增加内容的可视化程度、成立专门队伍强化与用户的互动，通过这些内容运营和活动运营，《纽约时报》的用户规模不断扩大，用户的黏性大为增加，用户为高品质内容付费的意愿也明显提高，最终实现了注册用户向订阅用户的转化。

Netflix 的流媒体大数据精准营销也是通过关系逻辑实现价值共创的经典案例。在 Netflix 的原创剧集面世前其并不生产内容，只是内容的搬运工，与大多数内容集散平台不同的是，Netflix 设计了简单实用的评价体系（拇指向上/向下评价体系，并取消了用户影评功能），大大降低了用户参与互动的门槛，用户互动的参与率大为提高，Netflix 获得的互动样本相比其他平台要高很多，这为 Netflix 的精准分发营销提供了丰富的大数

① 本书作者对时任《西雅图时报》的营销和公共服务副总裁 Kati Erwert 的访谈，2016-04-06.

据，其精准分发能力也大幅提高。Netflix通过简单实用的评价体系和大数据精准分发能力构建起来的与用户的强关系，将用户紧紧地拴在电视机前，实现了用户和Netflix的价值共创。

无数的实践证明，加强互动是建立良好消费者关系的根本。消费者参与媒体生产经营的活动越多越频繁，互动内容对消费者越有吸引力，越能增进消费者对媒体品牌的认知，以及对产品和服务的认同感，媒体与其消费者的关系就营造得越好。无论是用传统媒体时代的报纸订阅规模去衡量，还是用新媒体时代的数字订阅量和网络点击浏览量去衡量，与消费者关系的强弱程度在某种意义上是媒体是否具有竞争优势和影响力的重要因素。

二、资本逻辑

传媒商业化由来已久，媒体和新闻机构很早就意识到消费者对于它们的重要价值。消费者的资源完全可以为媒体所用，成为媒体不可多得的新兴资源和资本①。这与价值共创思想基调不谋而合，即消费者被描述为一种操纵性资源参与价值共创系统中。

消费者将自身的知识、经验、技能，以及业余时间、社会关系网络等资源投入进来，能在内容产品研发创新、生产、发行、营销各环节与媒体共同创造价值。在内容生产环节，他们不仅能向媒体提供有价值的信息、对内容信息提出主张和诉求，甚至有可能向媒体提供好的内容创意设计。例如，CNN的iReport平台很好地利用了消费者的资源，敏感的消费者可能将在日常生活中发现的点点滴滴都上传到iReport平台并成为CNN内容的素材，有潜力的消费者甚至专门设计、组织内容素材给CNN，这种"公民新闻"将消费者的资源充分利用了起来，实现了消费者和媒体的双赢②。

在内容营销中，直接对接消费者，可以减少广告投入费用和渠道建设费用。而消费者通过自己的社交平台网络，助力媒体实现内容产品的"病毒式"分发传播。例如，BuzzFeed专注于内容分发，是一个算法型平台，它在对人群属性进行分类时加入了用户性别、出生日期、所属区域、阅读喜好、朋友圈等信息。BuzzFeed还能把文章内容中提及的人物、文章发表日期、所在区域等特征进行组合，形成对文章的属性定义，然后以特别的算法实现文章和用户的匹配，在浩瀚的新闻信息的背景下，将用户获得内容的方式从自行搜索演进为个性化分发，在实现用户便利获取信息的同时兼顾了用户对信息的猎

① 本书作者对密苏里大学新闻学院Tim P Vos教授的访谈，2016-03-26.
② 本书作者对时任CNN Digital主编Meredith Artley的访谈，2016-04-06.

奇心理。

让消费者对内容产品进行反馈以促进媒体不断优化内容和产品服务、不断创新是《赫芬顿邮报》数字化转型时期的要诀。在媒体项目立项中，消费者还可以作为会员、捐赠方和投资方，参与媒体内容众筹、资本众筹以及其他风险投资。在消费者和媒体紧密互动融合的整个过程中，媒体得以整合消费者异质性资源和资本，即一方面有效地降低媒体经营成本和分解投资运营风险，另一方面为开发新产品和新服务积累资本。

三、生产逻辑

从媒介内容信息生产的角度看，所有媒介内容产品大体上是为了满足三个不同层次的消费需求。首先，所有的信息和内容产品的生产和服务提供用于满足消费者（或用户）的一般日常消费和基本使用需求——信息被获取、被告知的需求（对时效没有多大要求），这是较低层次的消费需求。其次，在满足消费者信息获取的同时，使其获得愉悦的消费体验，将内容以更及时、精准、有趣、便利的方式传递给消费者。最后，满足对内容产品的个性化需求，如特定信息的个性化定制、推送与提醒，即时互动反馈，个性化页面浏览，兼具信息客观真实且有思想性和艺术美感，从而让受众在信息获取的同时，也能获得新颖独特的消费体验，这是更高层次的消费需求。媒体让消费者参与媒体的生产活动，一方面可以全面实时了解消费者的消费心理和不同消费需求，以便及时生产和提供契合不同消费需求的内容产品；另一方面可以发现新需求、新商机，有利于开发新业务、提供新服务和创立新品牌，从而为媒体创造可观的价值。

在与消费者互动生产出满足消费者需求的内容方面，Netflix 根据大数据分析制作网络原创剧集是业界较为典型的案例。在这个案例中，消费者并未主动参与内容的制作，而是自身的观影喜好数据被 Netflix 收集并间接地用于其剧集的生产。另外，消费者在媒体内容中发表评论以及消费者之间相互评论也成为内容生产的一部分，如《纸牌屋》的创意就是消费者参与的结果。

大部分新闻网站或其 App 客户端，均大幅度开放了评论权限以营造良好的互动环境，事实上一则新闻的评论数量越多、消费者间的互动氛围越浓，其内容的可读性也将大幅提高，评论本身已经成为内容生产的重要组成部分。

只有把媒体的生产与消费者的需求挂钩，针对消费者的需求提供相应的内容产品和服务，并适当引导消费需求，才能避免媒体内容的盲目生产，才有可能培养发展强关系（用户黏性）、形成好的媒体产品设计、节省媒体广告宣传和渠道建设成本，甚至有可能撬动增值业务，吸引和刺激更多消费，为媒体创造意想不到的价值。

四、技术逻辑

新技术推动了媒体融合的发展，成就了媒体与消费者之间的价值共创。媒体融合中媒体与消费者价值共创的技术逻辑包括以下几个方面。

（一）注重新技术应用的自主研发能力

“科技是第一生产力”这一论断，在媒体融合中得到充分印证。越重视新技术应用、新技术应用得越好的媒体，其生产经营效率越高，消费者体验越好，在行业、生态链中的话语权和影响力也越大。例如，贝佐斯将华盛顿邮报公司定位为提供全媒体服务的互联网公司，将在互联网公司亚马逊的 IT 研发心得全套移植到传统媒体《华盛顿邮报》上，以他自称“可以与硅谷一流的互联网公司技术团队”相媲美的研发队伍对媒体生产和分发全流程进行大刀阔斧的技术创新，大到内容生产、内容推荐，小到网页加速。其在确保客户体验的同时，提高了生产效率，确立了行业核心竞争力。

（二）围绕价值共创的痛点应用新技术

Netflix 通过大数据算法的精准推荐解决了如何提高消费者对内容服务满意度的痛点，将消费者喜好的大数据在内容精准推荐上做到了极致。《华盛顿邮报》看到了媒体行业在内部生产信息化应用能力上的痛点，将自主研发的信息化能力作为 SaaS 服务向行业开放，借助云计算的平台效应确立了自己在内容生产和管理上的行业领导者地位，并缔造了独特的共享收益商业模式。CNN 同样看到了行业中大企业优秀内容分散、小企业缺少展示平台的痛点，借助云计算技术把内容开放平台打造成内容集散地，占领了内容发布制高点。

（三）综合运用各项新技术的优势

在未来相当长的时间里，媒体行业将以视频为引领，综合 5G、物联网、大数据、云计算、人工智能等技术，推动媒体融合向个性化、场景化、平台化、智能化等方向发展。其中，5G 能提供无处不在的极致网络保障；物联网可帮助实现营销场景的精准匹配；大数据是智能化的先决条件；云计算可助力企业实行全流程线上运营，进而开创平台经济；人工智能是媒体实现自动化、智能化、降本增效的必备技术。一个现代化的媒体企业，需要将这些新技术优势进行整合，把新技术应用和企业的生产流程有机地结合起来，实现消费者体验和媒体价值的提升。

(四) 加强新技术应用的管理

媒体新技术应用的管理有以下特点。第一，建立一支适应媒体行业转型的新技术应用和研发团队。这个团队既要具备较强的研发能力，又要熟悉媒体行业的生产和运营。在创新不断升级、迭代速度越来越快的今天，企业的核心竞争力最终体现在自主研发能力上。第二，建立大数据运营体系。应广泛而持续地收集用户大数据，通过丰富大数据标签，加强与其他行业的数据合作，建立自己的数据资产，进而强化数据的分析和应用。第三，将企业的内容和生产流程上云。云计算的好处在于资源集聚、数据共享和运营便利，通过内容和流程上云，能实现全部生产流程线上化，在条件具备的情况下可以结合行业或客户痛点将云服务能力平台化，以 SaaS 的方式向行业赋能。第四，稳妥推进人工智能技术以提升运营效率。在体系化大数据运营能力的基础上，借助人工智能技术按照先易后难、先内后外的原则实现自动化生产和精准营销。

新技术应用贯穿于媒体与消费者价值共创的全过程中，随着新技术层出不穷，媒体对此的研究和应用也将越来越广、越来越深入。

第二节　消费者参与价值共创的动机

媒体消费者被定义为媒体与消费者价值共创中的重要主体，其参与价值共创的角色定位、功能实现等都有赖于其参与动机。研究消费者参与价值共创的动机，有利于针对性地制定激发消费者参与价值共创的意愿、提升价值共创效果的策略。

一、获取独特的内容消费体验

如今，媒体的内容生产、发布等信息输入输出过程越来越离不开互联网技术，视频技术、虚拟现实、大数据、人工智能等高科技手段，能给信息消费者带来集个性化、智能化、可视化、现场感于一体的沉浸式、互动式消费体验，这是传统媒体时代被动的、缺乏交互的信息接收方式所无法比拟的。不仅如此，由于兼容性智能网络平台不仅对媒体开放，还对消费者开放，无形中为消费者主动参与目标内容的创意生产、获取内容、选择适合自己的读取存储方式，以及自主分享、转发、评论来自媒介平台的内容等提供了便利。内容生产传播全程互动带给消费者全新的消费体验。

在媒体融合时代，在浩瀚的内容面前，消费者既不想陷入茫茫的信息海洋中，又希望拥有自己独有的内容天地，这些诉求和动机就是媒体和消费者价值共创的意义所在。

在海量内容面前，消费者面临选择备感迷茫，他们希望能轻松找到自己喜欢和感兴趣的内容，而大数据精准分析平台提供了这种可能，只要消费者主动发表自己对内容的看法，就能实现从用户选择内容到内容找用户的转变。国外关于这方面的成功案例很多，最典型的当推 Netflix 和 BuzzFeed，它们在吸引聚拢消费者、创造消费者独特的消费体验等方面都非常成功。

对内容体验的不懈追求，促使消费者持续向媒体反馈自己的看法和建议，从而得到自己满意的内容（包括题材和形式等）。例如，视频内容的分辨率从标清、高清、2K 到 4K、8K、VR 逐步提升，内容形式从长视频向短视频转变，内容的题材越来越聚焦消费者的偏好（包括演员、情节、风格等）等，这些都是消费者基于观感和碎片化观赏习惯以及内容偏好等诉求的主动表达所带来的独特体验（视觉效果越来越好、观赏的自由度越来越高、内容与自身喜好越来越匹配）。

二、实现人际交往和社会交往

媒体日常生产的内容是对社会和人在现实中方方面面的反映。消费者通过参与媒体内容创意生产，或参与媒体提供的奖励、邀请、优惠、经验分享、个人展示等各种形式的互动活动，实现消费者个体与他人的信息、情感交流，帮助消费者认识了解社会，定义自己的身份，聚集在志趣、信仰、学识、政见等方面倾向相似的社群中，并确立他们在社会公众中的形象，从而建立玛丽莲·布鲁尔[①]所说的“社会自我”——在社会中寻求关系和归属的自我。

人具有社会属性，天生具有社交需要，在现实生活中人们热衷于就各种新闻进行讨论，当这种多元交汇却又独立的种族、文化、政治、宗教社会因素遇上移动互联网的全媒体时代，社会大众的自信心态、创新的意识、对自我个性展示的渴望和热衷表达意见的心理极容易被自由释放出来。媒体创设的内容开放平台以及第三方聚合平台，诸如 Facebook、Twitter 等社交平台便利地满足了大众消费者的这种社交诉求，即无论是远在天涯的亲朋好友还是互不相识的男女老少，但凡兴趣爱好相近的人群就可以在一起

① 玛丽莲·布鲁尔系美国俄亥俄州立大学心理学教授。

沟通、讨论。大众消费者积极参与聚拢到媒体组织的活动中，他们愿意在熟悉的朋友圈和不熟悉的人群中分享传播自己的生活点滴和逸闻趣事，提供大家交流探讨的素材，也让自己成为社交圈中活跃的个体。

三、体现和提升个人价值

个人价值可以通过个人内在能力和知识等外化并被外界接收利用的交互行为体现出来。对于消费者来说，Facebook、Instagram、Twitter、Skype、微信、博客、播客等社交媒体，以及门户网站、客户端应用软件等交互界面，是他们个体经验、知识和技能对外展示的重要场所。借助这些互联网平台，消费者或者将自己掌握的且认为有用的知识、经验、逸闻趣事与媒体及其他消费者分享，或者对媒介内容和服务给出点评反馈，或者将重要的媒介内容推介转发给其他消费者。链接、分享、评论、转发所有这些交互行为，不仅能帮助其他消费者更好地认知内容、消解疑惑、强化信息消费行为，还能帮助媒体优化创新内容信息和服务，以此实现消费者自身价值。

消费者与媒体的互动过程还可以看作外界知识经验内化的过程。通过其他消费者的链接、分享、评论、转发，能够获取专业领域的新知识，掌握新的技能，助力个人提升专业领域的能力和社会影响力。例如，律师经常光顾法律专栏，经济学者会对经济栏目感兴趣，他们浏览栏目下的交互界面，作为学习交流的平台。他们中一些人甚至成为某一栏目的自由撰稿人和评论员。

由以上分析可知，消费者参与媒体的价值创造往往有一定的目标导向。其起初是为了满足对信息获取的基本需求，但随着参与的持续和深入，其目标会转向建立社会关系和谋求在社会中的自我价值提升和自我发展。

第三节　媒体与消费者价值共创的特性

媒体与消费者价值共创是传媒产业发展的一个美好愿景，其目标不仅指向科学和艺术的媒介生产传播方式，还旨在打造一个基于媒体生产经营的高效、开放、持续迭代和优化的媒体经营生态体系。

在媒体融合背景下的媒体与消费者价值共创中，媒体生产者可以高效、科学地组织内容生产，生产出高质量内容；消费者能随时获取感兴趣的高品质内容和资讯；参与媒体生产经营的各主体（如传统媒体、新媒体、自媒体、消费者、传播渠道等）能产生化学反应，进而共荣共生。具体说来，媒体与消费者价值共创具有以下特性。

一、高目标性

高目标是指媒体与消费者价值共创给生产经营带来的实质性改变。从企业层面来看，要在提高生产效率、生产高品质内容、提升覆盖面和订阅量等方面确定目标。在媒体融合背景下，企业通过打造“中央厨房”进行全媒体制造，通过员工技能提升实现单专业记者向全媒体记者转型，通过线上线下的全渠道发布提升传播效率。所有这些都为企业确定高水平生产经营目标提供了依据，随之而来的问题是，企业如何对自身进行定位并确定较为科学并有竞争力的目标？从媒体从业者角度来看，无论是主流媒体或自媒体、社交媒体的人员都能从媒体融合中获利，使得其能充分发挥自身优势和特长，并助其取得商业成功。从消费者的角度来看，媒体要提供高品质、定制化、个性化内容，让消费者能真正“随时、随地”享受媒介信息产品和服务，甚至参与媒体互动合作，实现价值和获得独特消费体验。

二、快速迭代性

在互联网时代，包括媒体在内的企业要获得持续发展和保持竞争力就必须注重迭代思维和创新思维。媒体与消费者价值共创的过程受技术不断更新、需求不断变化升级的影响。在媒体融合不断发展的背景下，媒体融合演进节奏越来越快。从技术迭代角度来看，互联网从 20 年前的 Web1.0 快速发展到 Web3.0；用户固定通信接入速率从几十 KB/s 发展到光纤千兆入户；移动通信从 2G 时代的几 KB/s 到 2 MB/s、150 MB/s，在 5G 时代，移动端下载速率可达到 10 GB/s 的量级；视频内容的分辨率也沿着 2K、4K、8K 的路径不断演进，VR、全息等技术也已经进入使用场景；大数据、人工智能成为传媒业新宠。媒体融合中媒体与消费者价值共创将大数据、人工智能和云计算相结合，基于内容和消费者的分析结果越来越精准、快捷，机器人能部分替代记者写稿进行自然语言交互、人机交互，增进了媒体与消费者或消费者之间的双向对话交流。在平台演进方面，国内外主流媒体、社交平台的裂变传播特性不断放大，内容开放平台的内容汇聚功能持续向媒体赋能，所有这些都推动了媒体与消费者价值共创的加速演进。

三、开放协作性

媒体与消费者价值共创的开放协作性体现在以下几个方面。一是内容制作的开放协作。价值共创离不开平台思维，在内容为王的时代，打造开放的内容生产平台已成为吸引优质和海量内容的标配，自媒体、多频道网络（Multi-Channel Network，MCN）已经成为新媒体时代内容生产的重要参与者，通过形式多样的内容开放平台吸引它们加盟，可以丰富媒体内容。与此同时，为不同的数量可观的包括消费者在内的内容生产者提供专业化的辅导和孵化环境，包括提供内容制造的条件和内容分发的渠道，也已成为抢夺内容的竞争力之一。二是内容共享的开放协作。内容平台间通过合作共享内容、相互引流，也能较好地增强融合效果、激发媒体活力。三是产业链的开放协作。加强与产业链上下游、产业资本乃至竞争者的合作，可以让媒体与消费者价值共创的效果进一步显现。例如，媒体与通信网络公司的开放合作，能较好地提升消费者体验，通信网络是媒体连接消费者的关键环节，消费者观看的效果与通信网络质量密不可分，而通信网络公司也希望引入优质内容来增加自身网络的吸引力，因此，双方开放协作，对增强媒体与消费者价值共创的效果也有非常重要的作用。

四、统合综效性

媒体与消费者价值共创具有统合综效性是指媒体集技术、平台、内容、渠道等各方面优势于一体，它们之间产生化学反应，达到良好的价值共创效果。这主要表现在以下几个方面。

（一）借助技术优势促进高品质内容的生产和传播

技术融合促进内容的生产，云存储、5G、AI 手机等新技术大大提高了互联网中云平台、通信管道、用户智能终端的建设能力，IT 技术如云计算、GPU 图像处理芯片等的发展也大大提高了内容制作中视频渲染、图形处理的能力，使媒体制作者摆脱了通信网络的限制，可以制作大容量、高分辨率的内容，而不必担心消费者获取这些内容的便利性以及是否影响消费者观赏的体验。另外，大数据技术也能极大促进内容生产，在消费者反馈大数据分析基础上制作的视频更加符合消费者的诉求和价值主张，这在 Netflix 公司的原创剧集案例中就得到了充分证明。而基于人工智能技术的机器写作也可将记者从简单重复的新闻编写工作中解脱出来。

（二）借助平台优势集聚海量内容

国内外主流媒体争相打造内容开放平台，以内容为王，占领产业链的制高点，建立内容为牵引的生态系统，出台多项激励政策吸引自媒体、MCN 等入驻其内容开放平台①。具体来说，可以为内容创造者提供产业资源、投资、孵化环境、办公设施、内容创业、版权保护等生态服务，并为其导入消费者流量，在分发渠道上为内容生产者提供全平台分发，提供电商的精准匹配和扶持等政策。通过良好的平台支撑和健全的配套政策，大大降低了自媒体、MCN 的入驻门槛，海量内容制作者(包括消费者生产内容)产生了海量内容。内容开放平台建设模块如图 3-1 所示。

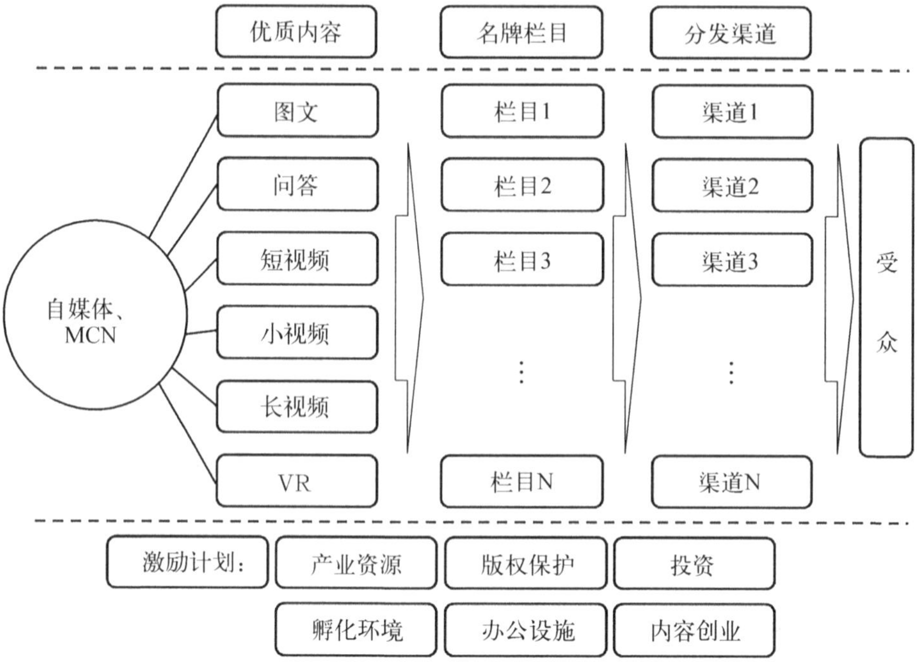

图 3-1 内容开放平台建设模块

五、互动依赖性

普通消费者在媒体与消费者价值共创中所发挥的作用可以用“人微言轻、聚沙成塔”来概括。所谓“人微言轻”就是说，普通消费者作为个体在互联网时代所发挥的主体作用是有限的，其发挥主体作用的途径就是用点击和浏览来投票，用拇指向上或向下评价来表态，用关注、注册、取消关注来选择。相对于海量用户，每个个体行为的作用是微乎其微的。而“聚沙成塔”就是说，当所有媒体消费者的投票和表态聚集在一起时，可以

① 第二阿累.内容开放平台争夺正式进入第二阶段，各“号”们开始深耕区域内容[EB/OL].(2018-07-26)[2023-08-01]. https://baijiahao.baidu.com/s?id=1607059019492226740&wfr=spider&for=pc.

发挥决定性作用。例如，内容的点击量排名，视频播放次数、评分等级、转发率等数据一旦形成，对媒体口碑和媒体广告投放的影响是决定性的。

在传统媒体时代，传统媒体占据了绝大部分优势，其他主体发挥的作用基本可以忽略。传统媒体以PGC为主，话语权（交流主体）主要在媒体少数内容生产者，观众与制片方基本不能交互，杂志上影评文章一般是发行单位的广告推文，或是影评作者的糊口之作，抑或是影评人与制片方的口舌之争。真正与观众的交互只在影星与粉丝的见面会上，但这样的交互基本不会涉及对影片内容的讨论，即使讨论了也因为是个体代表的观点，对发布内容（PGC影片）基本没有什么影响。

在Web1.0时代，网络域名成为一种新的话语主体，这一阶段是网络域名和传统媒体作为主体，网络域名在一定程度上削弱了传统媒体的主体作用，而消费者（网民）可以通过留言方式发表自己的意见和建议，这种方式因为渠道单一，参与者较少，交付形式单调，也不能形成交互氛围，普通消费者基本不能形成主体作用。

在Web2.0时代，Web2.0赋予了网民技术上平等的话语权，从而成为数量最多的话语主体，UGC是Web2.0时代重要的信息生产、发布和传播方式，随之而生的自媒体、社交媒体都成了主要话语主体，且发展势头非常强劲，视频领域比较流行的抖音、快手等短视频就是最好案例。去中心化是短视频的重要特点，平台话语实现了去中心化，新媒体、自媒体、普通消费者的主体作用得到较好发挥，传统媒体的主体作用进一步被削弱了。

随着大数据和人工智能时代的到来，具有人工智能的机器人也成了话语主体之一，AIGC是新闻机器人承担大量简单重复性的编辑、编写工作所产生的成果，如机器人编写赛事新闻、天气预报等。数据生产内容（Data Generated Content，DGC）则是掌握大数据信息的主体，运用大数据技术向目标对象输出话题内容乃至专题报道，如黄金周旅客出行分析、假日期间天气预测、主要旅游景点人流情况等。

消费者作为一个群体真正发挥主体作用是通过对消费者的数据分析来实现的。随着消费者大数据分析的推广和普及，消费者在价值共创中所起的作用得到了强化。例如，“今日头条”投入巨资打造大数据分析平台，对内容信息、用户偏好等进行多维度的大数据分析和机器学习，把用户平常的浏览习惯、阅读偏好等信息收集起来，并据此向用户推荐内容；Netflix公司投入100万美元设立大奖在全球征集优秀大数据分析模型，用于更高效地向用户推荐视频内容，进而根据观众的大数据信息，在自制内容如《纸牌屋》等的剧情设计中加以利用，以制作出更受观众欢迎的影片。在这里，PGC中的主体已经不只是制片方、导演，海量观众也参与了其中，并影响着影片拍摄，乃至剧情演变。

随着新媒体的诞生和不断发展，媒体融合不断深入，传统媒体、新媒体与其消费者的关系正在发生变化，传统媒体的中心化减弱，新媒体作用持续增强，媒体消费者作为一个群体得到充分尊重，作为个体其诉求也得到关注，通过融合交互各主体之间的互动合作得到显著增强，这是媒体融合向纵深方向演进的一个重要标志。不同媒体发展时期媒体与消费者互动发展状况如表 3－1 所示。

表 3－1　不同媒体发展时期媒体与消费者互动发展状况

媒体发展时期		传统媒体	新媒体	消费者
传统媒体时代	主体作用	垄断地位	无	微弱
	交互方式	单向无差异传播	无	来信、电话互动
	主体交互效果	主体较为单一，基本没有交互		
Web1.0 时代	主体作用	强	弱	弱
	交互方式	电子媒介传播，开始数字化转型	发布渠道，有消费者留言渠道	来信、电话互动、网站留言
	主体交互效果	主体增多，交互性差，主体间合作弱		
Web2.0 时代	主体作用	趋弱	趋强	趋强
	交互方式	大力数字化转型，向新媒体融合	成为传统媒体重要发展方向，生产多媒体内容，发展网络消费者	可以便捷反馈对内容的喜好，发表评论，甚至参与内容的生产
	主体交互效果	主体多元化、内容数字化、传播网络化，交互性强，主体间交互增强		
大数据、人工智能时代	主体作用	进一步弱化	占据主导地位	主体性大为增强
	交互方式	借助新媒体、社交媒体，实现内容生产和传播的精准化，借助大数据丰富媒体叙事形式，利用人工智能提高生产效率	对接传统媒体，建立内容开放平台，借助互联网技术扩大媒体覆盖面，提高传播效率，获取海量潜在用户	通过浏览行为与媒体互动，进而提供内容素材，参与众包内容制作等
	主体交互效果	主体多元化、内容数字化、传播网络化、生产智能化，交互性更强，主体间交互较为充分		

媒体与消费者融合能发挥各自优势，从而产生意想不到的效果。以 Netflix 公司为例，2013 年，Netflix 意识到高品质内容是媒体的核心竞争力，于是开启了内容制作新坐标。Netflix 首先发挥传统媒体在内容制作上的先天优势，花重金聘请业界视频制作的著名导演、主演以及制作班底，打下了高水平内容制作的基础。截至 2017 年，Netflix 共花费 80 亿美元拍摄了 700 部原创影片，其制作班底都是业界精英。与此同时，Netflix 充分重视消费者的能动作用，基于长期积累的用户喜好大数据，Netflix 经大数据分析，用算法制作视频内容，将几个影视热点要素整合为一体，推出其原创剧集《纸牌屋》，它充分利用了互联网渠道的分发优势，一改传统媒体分批投放、靠广告营收的商业模式，而是采用会员制全剧集一次性投放的方式，很好地激发了普通消费者的观看热情。事实证明，这种依靠传统媒体、新媒体和消费者三方面融合打造的新内容制作模式取得了成功。

综上所述，传媒产业要谋求更高层次的发展，传统媒体和新媒体的融合、旧媒介和新媒介的融合、媒体与消费者的交互（消费者的能动作用使其成为媒体融合发展越来越重要的因素）这三对组合因素就必须全盘考虑。只有充分调动和发挥具有能动作用的各主体优势，才能构建开放、协同、统合、高效的媒体融合生态。

第四节　媒体与消费者在价值共创中的角色功能

媒体与消费者价值共创活动贯穿于整个媒体生产经营流程中，是一个动态发展的过程。在不同流程环节，两大主体投入各自资源（包括社会关系），扮演各自角色，两者多方位持续地合作互动，从而实现价值共创——不仅为自己创造价值，而且为对方创造价值。

为了全面梳理媒体与消费者两大主体的角色功能，以及两者之间的互动关系，本节尝试建立一个媒体与消费者作为价值共创主体的角色和功能模型，具体内容介绍如下。

一、媒体在价值共创中的角色功能

在媒体生产经营过程中，媒体是媒介内容产品最主要的生产经营主体或内容服务提供商，承担着价值创造者的重要角色。媒体记者、编辑不仅担负着媒体内容生产的重要职责，还要充当沟通的桥梁，在媒体管理层和消费者之间协调媒体的战略决策和价值主张以及媒体消费者对信息产品服务的诉求。

在媒体和消费者的互动过程中，两个价值创造主体的角色功能是相辅相成的。其彼此对对方的行为有所预期，有意识地规范自己的行动，对对方的行动持续地作出响应。如此循环往复，频繁互动，实现价值共创。

如图 3－2 所示，从媒体的角色功能来看，媒体结合消费者的诉求，提出价值主张（媒体的经济价值和社会价值目标），为此，媒体投入一定的有形或无形资源，如记者和编辑、媒体营销人才、媒介技术、设备、资金、关系网络等，并在与消费者互动中，整合消费者的资源（知识、经验、技能、习惯、兴趣、社交网络关系等），在多平台上生产、发布、推销能满足消费者独特体验的媒介内容产品和服务，并针对消费者的体验和反馈，进一步完善内容和服务，或创新内容产品或拓展增值服务。

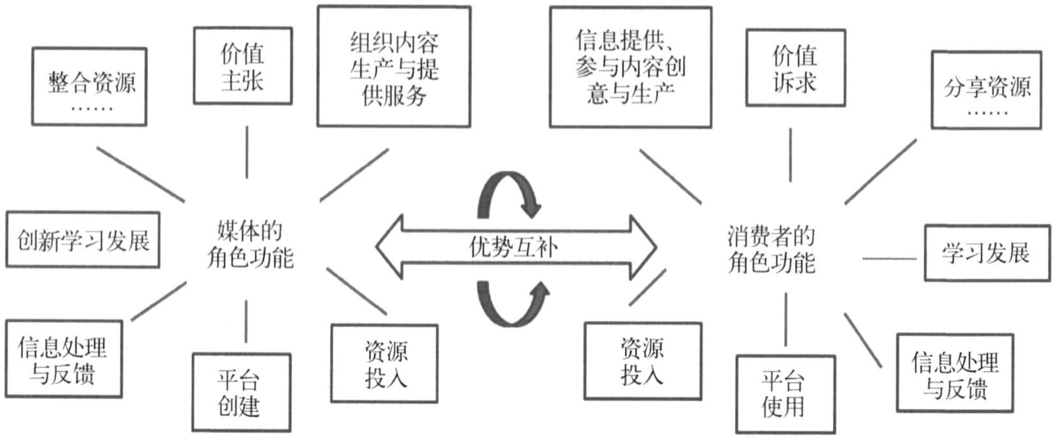

图 3－2　媒体与消费者在价值共创过程中的角色与功能模型

二、消费者在价值共创中的角色功能

消费者与媒体之间的异质性是实现价值共创的前提和基础。媒体消费者是媒介内容与服务的主要体验者，他们积极参与媒介内容生产经营活动，是媒体的“兼职员工”，是服务质量、价值和满意度的贡献者[①]。他们的创意、建议可以促进媒体提供的内容和产品服务更加符合传媒市场需求，因此也是重要的价值创造者。

从消费者的角色功能来看，消费者参与内容生产表现为投入精力，利用自身资源条

① 武文珍．顾客角色转变下的营销战略调整[J]．上海电机学院学报，2013，16(5)：285－291．

件和社会关系提供爆料或有价值的信息、新闻现场图片和视频等，还表现在进行内容创意和自主生产新闻，供媒体审核和使用。另外，消费者从使用消费内容产品和服务中，或获得愉悦体验，或吸收有用信息，获得日常生活的便利，抑或学习新知识和培养新技能，造就在新领域的发展(专栏作家、自由撰稿人，开辟人生的第二职业)。与此同时，消费者还对其消费的内容产品和服务提出反馈意见，帮助媒体完善内容和服务，或通过社交网络转发、分享内容，交流信息和服务内容，传递媒体品牌形象。

由以上可见，媒体与消费者两个主体通过一系列异质性投入—产出的互动，实现价值共创。媒体和消费者互相为对方提供投入—产出的资源、条件和机会，两者在互动、融合下共创的价值远远大于个体单独创造的价值。两者构建的是一个双赢价值共创系统。

第五节　媒体与消费者价值共创中的价值创造与再造

传统意义上的媒体生产经营重在以促进实现媒体价值为目标。具体来说，媒体与消费者价值共创是为了实现媒体的社会价值、文化价值、经济价值。其中，媒体创造尽可能多的经济价值(也即商业价值)是现代企业型媒体赖以生存和发展的基础(它们中的一些把经济价值放在首位，把追求商业利润最大化作为生产经营的首要目标和最终目的)。媒体的社会价值和文化价值事实上同样非常重要。媒体的社会价值体现在通过引领舆论导向彰显正确的价值观，让作为社会公民的广大消费者接受教化，促进社会风气和社会民主政治生活的改善。媒体的文化价值体现在，媒体通过为消费者生产传播健康、向上、丰富的内容信息以及提供娱乐和教育，增进公民对社会生活和时尚潮流的了解，促进公民觉悟的增强、知识能力的提高和精神生活的丰富。通过与消费者价值共创，媒体可实现其社会价值和文化价值，获得公信力和影响力，也有利于更好地实现其经济价值或商业价值。

数字时代的媒体与消费者由于互联网技术的赋能，其价值创造能力得以充分释放。与传统的价值创造相比，媒体与消费者共创的价值除了包含以上内容外，还被赋予更丰富的内涵。当然，媒体在为自身实现这些价值的同时，也帮助消费者实现其价值。消费者在与媒体互动合作协助媒体实现价值的过程中也会实现相应的经济价值，在社会价值中体现个人价值。例如，消费者在参与媒体的内容生产经营活动中会投入各种资源，如时间、精力、知识、技能、社会关系等为媒体服务，从而获得经济酬劳、社会知名度和社会交往圈的扩大以及职业晋升等。

媒体与消费者价值共创还表现在对原有各类价值创造的重构上。在社会价值再造方面，媒体与消费者依托的各网络平台平等互动，在深度和广度上扩大了大众消费者民主生活以及自由表达诉求和意见的公共领域。例如，通过网络平台尤其是社交平台，媒体与消费者的互动在社会公益以及政治方面的舆论导向上较传统媒体与消费者的互动更能起到推动作用。在文化价值再造方面，如 Netflix 与消费者互动，自制《纸牌屋》网剧，由消费者全程参与网剧创意制作和推广，从而再造视频文化的价值。

数字时代的媒体与消费者价值共创在再造媒体的商业价值方面表现得最为充分。从内容生产的角度来看，由于媒体与消费者的频繁互动，消费者作为内容生产的参与者和另一内容生产主体，接受媒体专职人员如记者、编辑的培训、指导和把关，传媒专业化生产趋势增强。媒体与消费者的这种共同生产容易带来内容生产在质和量上的明显改善，为内容付费提供了可能。从内容营销角度来看，因优质内容而聚合起来的庞大消费者无疑更受广告商的青睐，能够带动广告收入增加。而因为聚拢了庞大消费者，满足消费者需求的增值性数字业务也相应拓展开来，由此形成多元化、规模化的价值增长循环模式。这些将在下一章关于媒体与消费者价值共创的内容生产、分发营销、开发创新路径研究的案例中进行讨论。

第六节　本章小结

本章运用营销管理学的价值共创理论，从价值共创的逻辑、动机、角色功能等方面探讨了媒体融合环境下媒体与消费者的价值共创主体作用，并尝试创建了媒体与消费者两个价值共创主体的角色与功能模型。

研究指出，媒体消费者具备价值创造潜能以及媒体的生产传播经营活动要以消费者体验为导向是两者互动的前提。作为两大价值创造主体，在角色属性和功能特质方面的差异是其进行互动和开展价值共创活动的动力基础。两者异质互动、共创价值的过程，既是资源优化整合的过程，又是媒体与消费者作为人的组织或群体间相互融合的过程。媒体与消费者价值共创有其基本逻辑，其中关系逻辑认为加强互动是媒体融合时代建立良好用户关系的根本，资本逻辑则把消费者描述为一种操纵性资源参与到价值共创系统中。从生产逻辑角度看，只有把媒体生产和消费者需求挂钩，才能避免媒体内容盲目生产并培养发展强关系（用户黏性），节省媒体成本。在实际媒体融合过程中，价值共创普遍存在于媒体和消费者之间，而且消费者在价值共创中的地位和作用显得愈来愈突出，媒体与消费者价值共创被许多国内外媒体视作发展新商业模式、成就媒体经营战略和打造核心竞争优势的重要力量。

为了全面梳理媒体与消费者两大主体的角色功能，以及两者之间的互动关系，本章尝试建立一个以媒体和消费者为价值共创主体的角色与功能模型。在该模型中，探讨了媒体与消费者的角色功能，在媒体生产经营过程中，媒体是媒介内容产品最主要的生产经营主体或内容服务提供商，承担着价值创造者的重要角色。媒体消费者是媒介内容与服务的主要体验者，他们积极参与媒介内容生产经营活动，是媒体的“兼职员工”。本章还分析了消费者参与价值共创的动机，包括获取独特的内容消费体验、实现人际交往和社会交往、体现和提升个人价值等。媒体与消费者的价值共创活动贯穿于整个媒体生产经营流程中，是一个动态发展的过程。在不同流程环节，两大主体投入各自资源（包括社会关系），扮演各自角色，两者多方位持续地合作互动，从而实现价值共创——不仅为自己创造价值，而且为对方创造价值。媒体与消费者价值共创实现了经济价值、社会价值和文化价值的创造和再造。

第四章

媒体组织跨界融合的路径创新

价值共创理论被广泛应用于制造业、服务业等领域，因而这些领域的理论研究也非常成熟，其中对价值共创的路径研究也很普遍。本章尝试在媒体融合盛行的传媒行业应用价值共创理论，探讨媒体与消费者的价值共创路径。

第一节　媒体与消费者价值共创的路径研究

本章试图搭建媒体与消费者实现价值共创的模型①，在模型创建过程中，结合价值共创的理论体系，参考前文对媒体与媒介消费者实现价值共创中存在问题的分析，并综合媒体在与消费者互动各环节的经验，对媒体与媒介消费者价值共创的实现路径进行归纳提炼，包括对媒体与消费者从哪些路径共创价值、媒体与消费者如何共创价值以及两者在其中的角色功能等展开研究分析。

如图 4-1 所示，媒体行业的运行包括内容生产、内容分发营销和内容开发创新等主要方面，媒体和消费者围绕这三个方面互动协作形成价值共创的三个路径：通过内容生产形成共创价值，通过分发营销实现共创价值，通过开发创新提升共创价值。这三个价值共创路径相辅相成、协同发展。

媒体和消费者作为价值共创的两大主体，在价值共创的三个路径中，根据自身在价值共创过程中的角色，提出其主张和诉求，并投入自身的资源，通过合作互动，达成价值

① 苏衡，严三九. 数字化背景下新闻媒体与消费者价值共创研究[J]. 新闻大学，2019(7)：96-108，124.

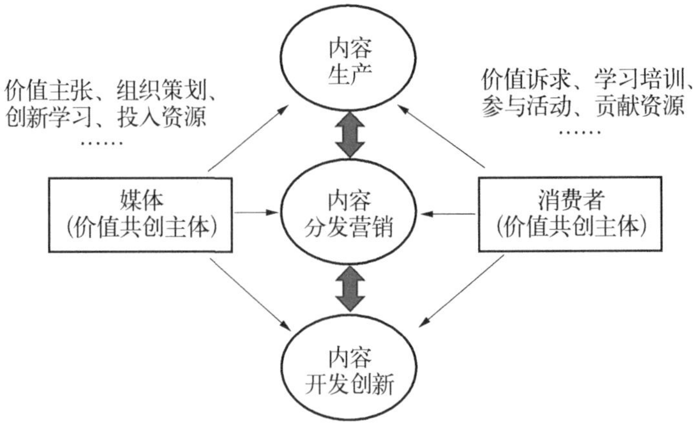

图 4-1　媒体与消费者价值共创路径示意图

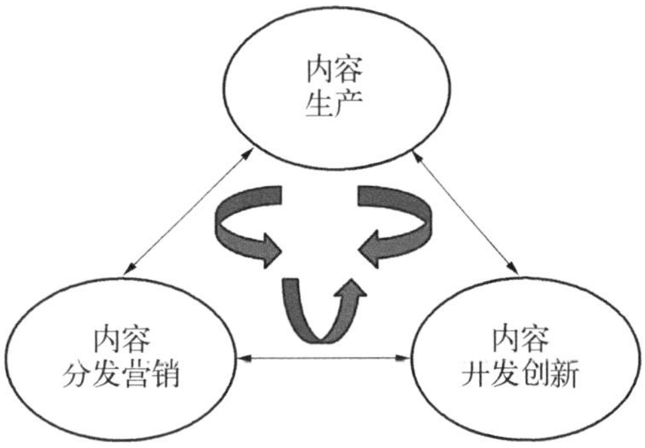

图 4-2　媒体与消费者价值共创路径的相互作用示意图

共创的目标，即不仅为媒体创造价值，而且为消费者创造价值。

如图 4-2 所示，价值共创的三个路径实际上是一个彼此不能割裂、相互联动的自适应系统，如内容生产价值共创的效果将影响内容分发营销的价值共创，甚至影响到两个共创主体进行内容开发创新的积极性；同样，内容分发营销的价值共创效果也会反馈回内容生产的价值共创路径和内容开发创新的价值共创路径；内容开发创新的价值共创效果也需要通过内容分发营销的共创路径来体现，同时为内容生产的路径提供参考和借鉴。

第二节　媒体与消费者价值共创中的内容生产路径

如图 4-3 所示，内容生产过程中的价值共创，首先是媒体根据自身产品的定位，确立其内容生产的策略和主张，并综合消费者反馈的需求来进行内容制作；其次是两个价值共创主体通过高频次互动，对内容生产目标达成一致，进而双方投入资源，特别是媒体，还需要持续关注消费者的参与度，并匹配相应的互动平台以及互动激励机制，激发消费者主动投入资源，积极参与互动。而消费者参与内容制作本身就创造了价值，获得了远高于被动阅读所带来的价值体验。

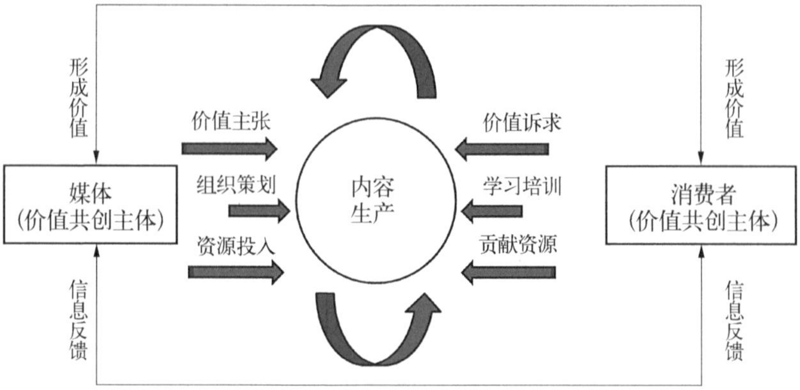

图 4-3　内容生产路径中的价值共创形成示意图

一、内容生产路径中作为价值共创主体的媒体角色

在内容生产过程中，总体上媒体处于主导地位，它至少充当了四个角色，分别是内容生产的组织者、各参与方合作的协调员、内容生产所需资源的提供者、内容生产的共同参与方。组织者的主要任务就是确保内容生产按照企业生产流程有效运转，包括项目立项、任务分派、人员调配等；协调员主要是协同推动相关人员围绕内容生产紧密协作；资源的提供者是要在人员的专业技能、技术实现、平台环境等方面筹划资源；作为共同参与方，主要是与消费者在内容创意生产过程中互动合作。

二、内容生产路径中作为价值共创主体的消费者角色

在内容生产价值共创中，消费者通常是处于从属地位的参与方，充当资源提供和配合内容生产的角色。提供资源时，消费者可以提供的主要是自身精力、与生活工作有关的各方面经验和学识以及社会关系网络等。参与生产时，其主要发挥在新闻制作各环节中作为消费者在反馈信息、题材策划、现场配合等方面的作用，并与媒体进行互动合作。

三、内容生产路径中媒体与消费者的互动合作

进入 21 世纪，CNN、《纽约时报》、《华盛顿邮报》、抖音等成为将价值共创理念运用

在新闻内容信息生产中的典型媒体。根据消费者的群体特征如兴趣、爱好、阅览习惯的不同，这些媒体组织提供消费者参与媒体内容生产互动合作的方式各不相同而且各具特色。

（一）CNN的“公民新闻”模式

早在2006年，CNN创建了iReport.com网站，开启拥抱“公民新闻”模式。该网站的内容完全从消费者上传的素材中精挑细选而来。消费者进入iReport页面后，点击“Assignments”就可以看到CNN罗列的新闻选题，如图4－4所示。

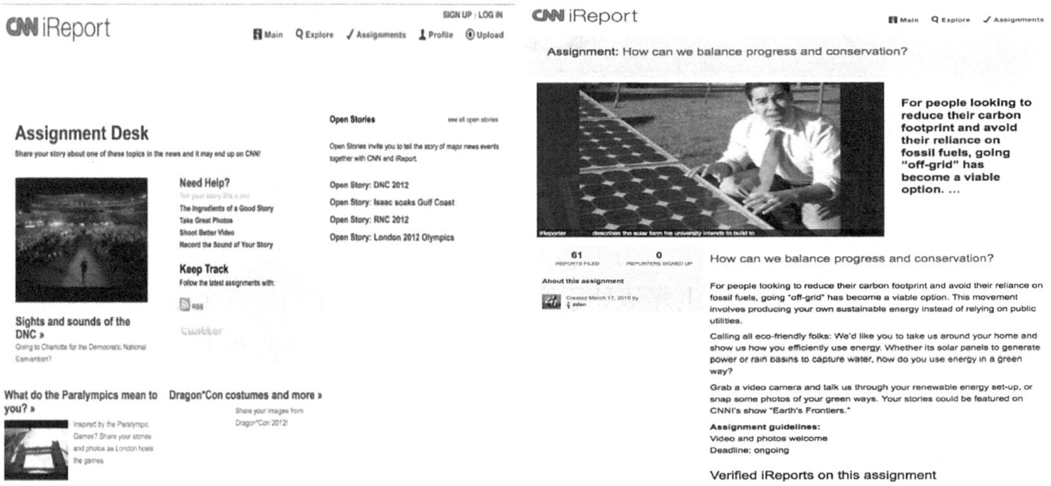

图4－4　CNN iReport.com截图

对于消费者上传的照片和视频内容，CNN会及时挑选、审查、编辑，并注上编者按，突出新闻点。消费者在“My iReport”里可以查看被编辑过的照片和视频，获得及时的反馈。为了鼓励用户投稿和上传内容，CNN给优秀的内容制作者冠以“明星”头衔。他们上传的优秀稿件还被挑选发布在CNN其他的各大平台网站上，他们上传的视频、图片也会被选用在CNN的新闻报道中。CNN还每年定期举办“CNN iReport Awards”的颁奖活动，由CNN提名30位往年优秀视频、图片内容上传者，然后由广大消费者和用户投票决定其中的6位获得CNN iReport年度大奖[①]。通过用户上传内容—媒体即时

① Mike Shields. CNN lauches iReport. com. [EB/OL]. (2008－02－13)[2022－03－01]. http://www.editorandpublisher.com/news/cnn-launches-ireport-com/.

反馈—转载—组织评奖活动等类似这些增进互动的活动，在不断被肯定、被尊重、被奖励中，用户的价值能够得到认可，获得成就感。这些良好的媒介使用体验激励消费者继续积极参与 CNN iReport. com 的内容制作。CNN 借助 iReport. com 的运作，不仅丰富了媒体新闻内容，还整合了消费者内容制作的资源，吸引了更多媒介消费和广告投放，进而获取丰厚经济收益，扩大了品牌影响力。据不完全统计，CNN iReport. com 已吸引 150 万用户，月访问量近 49 万人次。

(二)《纽约时报》的“内容众包”模式

2014 年年底，《纽约时报》实验室研发出一款名为“蜂巢”(hive)的众包平台[①]，主推“内容众包”生产模式。通过将平台的源代码传到 GitHub 网站上，实现《纽约时报》和其他新闻机构的记者、媒介消费者使用蜂巢平台的开源内容数据，促成彼此互动合作。Madison 是蜂巢开放平台的第一款众包产品。普通的消费者通过蜂巢平台，就可以参与帮助《纽约时报》对过去报纸上刊登的广告信息进行分类和录入相应数据库。虽然这些工作没有酬劳，但工作本身的社会价值及其趣味性，对消费者有很大吸引力。而对于《纽约时报》来说，不仅解决了人力不足问题，而且变相节省了人力成本。

(三)《华盛顿邮报》的 Uber 模式

2015 年，《华盛顿邮报》推出名为“才华网络”的平台[②]，意在打造新闻内容生产 Uber 模式。该平台招募了大量有专栏写作经验的自由撰稿人，《华盛顿邮报》的编辑会根据这些自由撰稿人的专长，从中挑选适合的撰稿人参与相应重大新闻报道或者行业评论，自由撰稿人也可以提供新闻策划创意供编辑选用。通过“才华网络”平台，《华盛顿邮报》可以轻而易举地找到能撰写某类新闻报道或行业评论的人才。一旦新闻稿件或行业评论被选用，自由撰稿人可以从《华盛顿邮报》获得相应报酬。另外，《华盛顿邮报》网站栏目“邮报万象”(Post Everthing)还面向社会各界人士和读者征求好的新闻创意和新闻稿件。

《华盛顿邮报》的 Arc Publishing 平台鼓励受众提供素材，参与内容制作。例如，在第一时间得知日本发生地震的消息后，《华盛顿邮报》即以突发新闻的方式对此事进行了简要报道，同时鼓励受众提供地震期间的素材，包括文字、图片、视频等，在此

---

① 方可成.《纽约时报》怎样玩“众包”？[J]. 中国传媒科技，2014(22)：52－53.

② Steve Friess. Sprawling freelancer network pays dividends for The Washington Post[EB/OL]. (2017－01－27)[2023－09－01]. https://www. cjr. org/business_of_news/washington_post_freelance_network. php.

基础上，《华盛顿邮报》对地震情况进行了多轮次滚动报道，因信息均来自一线，非常及时也很鲜活，新闻播出后得到了广泛好评，受众也进行了评价反馈和转发，形成了较好的影响力。

值得一提的是，CNN、《纽约时报》、《华盛顿邮报》这些媒体还鼓励自己的记者在Instagram、Facebook、Twitter 等社交平台上建立内容阵地，通过个人账号将所在媒体与消费者的互动内容发布到社交平台上，吸引其他消费者和粉丝关注。然后又将他们引流到与消费者的互动平台上，加强媒体与消费者的深度互动合作。在回环往复的互动合作中，媒体与消费者互利共赢，共同创造 1+1 远大于 2 的价值。

维基百科、YouTube 提供平台让用户制作内容也是司空见惯的事。Storyful 是一家专注社交媒体突发事件信源核实服务的信源调查网站。在 Twitter、Facebook 等美国主流社交平台上，Storyful 通过它的实时监测工具 Newswire 经常收集用户在社交平台上提供的具有新闻潜质的照片和视频，对通过甄别验证的照片或视频，Storyful 会向照片或视频的原创者购买版权，用付费的方式认可原创提供的信源，并鼓励用户继续提供有价值的内容。

（四）抖音等媒体聚合平台的主题活动模式

媒体通过与媒体聚合平台（如抖音、腾讯视频等）合作，以专题活动的方式吸引消费者参与内容价值共创，已成为我国媒体与消费者价值共创的重要方式。

例如，新浪微博策划“春节回家美食地图”活动，通过美食这一文化符号，唤起大家对家乡、对春节的深厚情感。消费者可以上传自己家乡的特色美食照片，并附上简短的文字描述和地理位置信息，来展示自己的家乡美食，并为这张“美食地图”增添更多色彩。其他消费者可以浏览照片并为自己喜欢的美食点赞或投票，这增加了活动的互动性和趣味性。

再如，抖音与国庆献礼影片《我和我的家乡》开展合作[①]，上线“我和我的家乡在抖音”主题活动，为大众提供展示家乡新面貌的平台与窗口，让消费者在线下观影的同时，也能在线上互动中实时分享“最美家乡”。据了解，此次主题活动中，抖音话题“#我和我的家乡#”总播放量超过 31 亿次。

---

① 人民网. 乡音、乡景、乡味，千万网友用短视频和直播记录最美家乡[EB/OL].（2022-10-14）[2023-09-15]. http://m.people.cn/n4/2020/1014/c902-14486199.html.

第三节 媒体与消费者价值共创中的内容分发营销路径

如图 4－5 所示，为了达到较好的营销效果，媒体企业深入分析自身生产的媒体内容的特点以及已掌握的消费者喜好和消费能力，在售价、征订、送达等方面制定相应的策略，而对消费者来说，只需要直接对媒体内容进行评价，并表达相应的付费意愿（是否愿意付费、值得付多少、希望以何种途径获得内容等），媒体和消费者基于这样的方式不断反馈和调整，进而达成分发营销的共识。媒体进一步依据共识优化分发渠道，调整售价策略，实现分发营销效果的最大化，而消费者不仅能以自己满意的方式获得喜爱的新闻内容，还能通过社交网络分享自己的价值主张，同时帮助媒体企业分发内容，这既让消费者获得了卓越的消费体验，提升了阅读价值，又使得媒体企业实现了分发营销价值以及品牌影响力的提升。

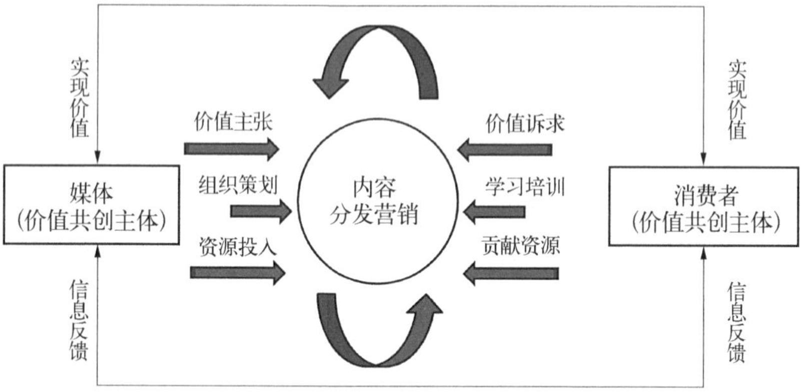

图 4－5 内容分发营销路径中的价值共创实现示意图

一、内容分发营销路径中作为价值共创主体的媒体角色

在内容分发营销环节，媒体主要担负分发者和营销者的角色，其职责是提出有关内容分发营销的价值主张，尽可能将制作的内容信息产品通过各种平台送达尽可能多的媒介消费者（或用户）。为了达到较好的内容分发和营销效果，媒体企业非常重视分发渠道的建设，包括自有官网、移动设备应用程序，各种社交平台如微博、Facebook、

Twitter，以及第三方视频分发平台等。媒体还是线上线下社区或社群网络的创建者和组织者。基于互联网、移动通信以及各种场景创建组织起来的这种社区或社群，旨在增进媒体与消费者进行虚拟或现实的互动、交流，它们之间没有中间商或服务商的介入。所有这些渠道的综合运用强化了媒体和消费者之间多维度、多层次的交流，达到良好的价值共创效果。

二、内容分发营销路径中作为价值共创主体的消费者角色

消费者既是内容使用者和对内容质量监督的体验者，又是潜在的分发者和促销者。从阅读体验角度来看，消费者通过各种渠道分享自己的体验和评价，甚至提出对媒体的改进意见或者向朋友圈推荐等，这些都是消费者在分发营销环节的价值共创表现。从媒体内容使用角度来看，消费者阅读媒体内容，选取感兴趣或有用的部分，用于自身的工作、生活和社交，进而扩大自身影响力，提升自身各方面技能，也就是说，消费者借助参与分发营销媒体内容，实现了自身价值的提升。

三、内容分发营销路径中媒体与消费者的互动合作

媒体与消费者主要通过自主研发的营销平台、第三方开放平台、线上线下的品牌社区以及消费者社群等多平台网络，展开互动合作，进而实现价值共创。

(一) 基于媒体自主研发平台的互动合作

以 CNN 为例，CNN Newssource 是由 CNN 创建的一个线上新闻源整合平台，也是内容数据整合营销平台。平台的内容资源来自多方。该平台不仅整合了 CNN 官网上过去到现在近四十年的台网资源、CNN 下属子公司汇聚的新闻源，还收入了 iReport 上成百万消费者生产发布的内容产品。由于 CNN Newssource 能提供可观的内容福利，其吸引了众多国内小新闻机构、全球的内容供应商入驻，并引来更多的消费者关注和发布内容。内容资源各方的良性互动合作，不仅扩大了 CNN 品牌影响力，而且吸引了大量广告主在平台投放广告，从而实现 CNN Newssource 和内容供应商以及提供视频和图片的用户三方盈利。CNN Newssource 中的广告收入采取内容发布者、CNN Newssource 和内容供应商三方按 4∶3∶3 的比例分成的模式。通过去中间商的这种整合营销模式，参与互动合作的各方都实现了共创价值最大化。

（二）基于第三方开放平台的互动合作

如 Fackbook、Twitter、YouTube、Snapchat、博客等社交平台以及类似于 Google 的搜索引擎，日益成为媒介消费者进行内容信息互动最活跃的地方，也是 CNN、《纽约时报》、《华盛顿邮报》、NBC 等媒体趋之若鹜的内容分发营销中心。这些媒体都通过账号绑定的形式加盟这样的第三方开放平台，将其媒体内容信息产品推送给第三方平台上活跃的消费者，消费者随后对认为有趣且又有价值的视频、图片、新闻给予点赞、留言、评论等，与媒体交流互动，从中获取独特的消费体验，并通过社交媒体平台转发、上传内容，以此促进内容信息进一步分发和营销。NBC 的《别换频道》(Stay Tuned)就是通过这种方式，仅在 Snapchat 平台就吸引了超过 2 900 万独立观众，并带动广告商在 NBC 上投放广告。

（三）基于社群网络的互动合作

社群是“具有稳定的群体结构和比较一致的群体意识的特定社交群体”[①]。针对某一类特定消费群体，围绕内容营销与他们互动合作，也是媒体与消费者价值共创的重要方式。

CNN 专为新闻记者、编辑和高校新闻专业的学生等特殊消费群体免费提供其新闻图书馆的信息资源[②]。这些资源包括馆藏的 20 世纪 80 年代以来的新闻资料、素材带、播放带，还囊括了 CNN 合作伙伴授权的新闻源。它们成为波士顿大学、纽约城市大学新闻传播专业学生的重要数据库资源。CNN 将资源对高校、新闻记者和编辑群体开放，旨在加强与这些特定消费群体的互动合作关系，有利于累积社会美誉度和扩大 CNN 在这些消费潜力巨大的消费者群体中的影响力。CNN 在提升社会价值的同时，也获得了丰厚的广告投放收入。对于使用图书馆数据的新闻记者、编辑和新闻专业的高校学生来说，他们利用 CNN 提供的丰厚内容福利，获得了在职业和专业上的提升和个人价值的实现。

《纽约时报》则在打造品牌社群、实现内容营销上下足功夫。例如，《纽约时报》经常邀请忠实读者和报纸的消费者参加有著名人士出席的座谈会和各种主题的论坛，或由《纽约时报》的记者陪伴读者参观《纽约时报》新闻报道中的场景。《纽约时报》还定期举办红酒俱乐部活动、策划组织食品节活动等。通过经常组织类似的线上线下活动，《纽约时报》与报纸的忠实粉丝和消费者直接交流，互问互答，充分地互动。《纽约时报》的消费者通过参与内容营销互动，增强身份认同感，提升个人品质，获得良好的消费体验。

---

① 霍学文. 互联网的三个本质属性：关系、平台与市场[EB/OL]. (2005-07-14)[2023-11-02]. https://www.01caijing.com/article/982.htm.

② 本书作者对时任 Banjo 媒体创新部主任 Victor Hernandez 的访谈，2016-03-08.

《纽约时报》则在实现内容发布营销的同时，收集和了解消费者的消费倾向和新闻内容诉求。内容营销不仅强化了《纽约时报》与消费者的关系，而且彰显了其品牌影响力。

第四节　媒体与消费者价值共创中的内容开发创新路径

如图 4-6 所示，内容开发创新是媒体企业构建竞争力的必然选择，其必须切合用户即消费者的需要。因此，在推进内容开发创新的过程中，媒体通常要尽可能多地与消费者沟通，熟悉用户对现有内容的体验，并征询用户对内容方面的需求，在此基础上，媒体尝试提供新需求，并创造新需求，进而提出内容开发创新的主张。消费者会对已消费的内容产品点评，给出意见和想法，表达新需求，媒体据此进行内容的创意和设计。这样的互动循环往复，迭代形成内容开发创新的共识，然后媒体与消费者调动和贡献各自资源。在资源相互整合中，基于已有内容信息产品的更新完善和新产品新服务的开发和创新，价值共创得以提升。

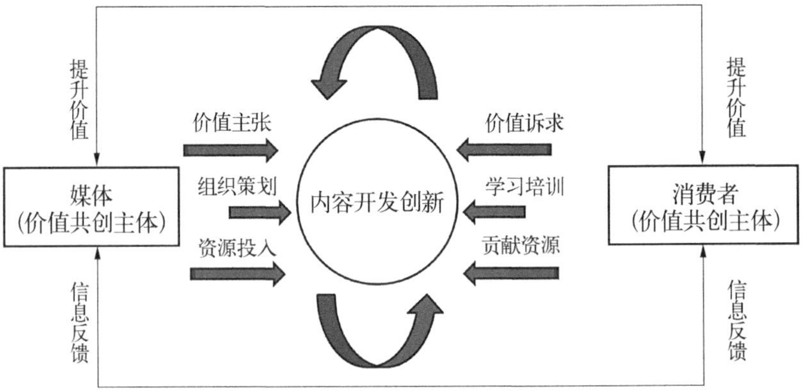

图 4-6　内容开发创新路径中的价值共创提升示意图

一、内容开发创新路径中作为价值共创主体的媒体角色

内容开发创新涉及范围很广泛，媒体作为内容开发创新的主体，为了实现价值共创，需要在内容开发上广泛建设与消费者的沟通渠道，建立对用户需求的敏感感知系统，并据此实时推出差异化、受欢迎的内容产品。在此基础上，媒体还要掌握内容创新主动权，通过对用户需求分析，引导用户接受企业的创新内容和增值服务。

二、内容开发创新路径中作为价值共创主体的消费者角色

在内容开发创新中，消费者首先作为友好用户，对内容的质量和自身体验进行反馈，在反馈过程中，还会反映出消费者喜好、对内容产品在接受程度上的变化。更加积极的消费者还将对内容提出进一步的改进建议，甚至迸发出好的创意，以及对新创意的开发期望等。当创新内容产品被开发出来后，成为试用体验者的消费者则更加深入参与到内容创新的价值共创中来。

三、内容开发创新路径中媒体与消费者的互动合作

媒体与消费者进行内容开发创新，通常要组建专门的部门或团队来负责推动，《纽约时报》的读者中心就是一个典型案例。读者中心成员被分成不同的小组，分别负责回答读者提问、处理读者意见和内容评论、回复读者来信、推动读者中心的话题讨论或围绕某一新闻事件展开辩论。读者反馈的有价值的创意会得到读者中心的鼓励，进而将其作为需求驱动内容开发创新。按照时任读者中心的主编 Hanna Ingber 的话说，“这拉近了时报与读者的关系，对于增进用户订阅是强有力的支持”。

与《纽约时报》的读者中心类似，《华盛顿邮报》的 PostEverything Wednesday 也是一个基于读者提供的信息和反馈、评论和创意而开发出来的新闻内容栏目。其内容涵盖国内政治、对外政策、体育和娱乐等。PostEverything Wednesday 编辑称它更像一个由读者贡献创意，编辑制作开发而成的电子日志①。

通过以上分析，媒体与消费者价值共创的实质就是围绕三个共创路径，实现媒体与消费者紧密联系，构建良好的互动氛围，形成稳定且持续增长的用户群体，营造提升媒体内容质量和品牌价值的环境，达到提升媒体企业价值的目的。同时，消费者在三个路径中参与价值共创，获得了良好的服务体验，并实现了个人价值的提升。

第五节　本章小结

本章通过构建价值共创模型，对媒体与消费者在内容生产、内容分发营销、内容开

① New Washington Post Opinion Venture:“This is not a beltway publication”[EB/OL]. (2014-05-27)[2020-09-01]. www.editorandpublisher.com/news/new-washington-post-opinion-venture-this-is-not-a-beltway-publication/.

发创新等价值共创路径中的角色功能和互动合作过程进行定性研究。

本章对三个价值共创路径中各主体的角色功能以及互动合作方式分别进行了分析，并列举了媒体的成功经验。研究表明，在媒体与消费者价值共创的过程中，首先要聚焦用户体验，定位好两大价值共创主体的角色功能，在此基础上激发价值共创参与方的共创热情，鼓励各方投入自身优势资源，才能有效实现价值共创的目标。要想达成媒体与消费者高质量、高效率的价值共创，需要让媒体和消费者特别是消费者始终关注价值共创并保持互动的热度。媒体与消费者基于合作互动，共创价值的过程，也是实现媒体和消费者融合的过程。必须指出的是，内容生产、内容分发营销、内容开发创新这三个路径的价值共创过程，通常表现为一个环环相扣、逐一推进的单向线性发展状态，每个路径的价值共创自成一个系统。价值共创三个路径之间相互关联、相互影响，形成动态迭代的共创体系。

媒体与消费者的价值共创现象凸显了在数字化、智能化的传媒时代，媒体由以媒体组织生产为中心向以消费者服务为中心、以媒体为主导向以消费者体验为主导的经营观念转变，以及由此带来的生产传播关系和传媒生产方式的转变。媒体与消费者价值共创构建了新型受众关系和产消关系，促进了媒体与消费者的交互合作。媒体和消费者的合作，随着媒体生产经营变得更加开放、透明，全球知识社群和知识网络的兴起，使得信息可以很容易获取和再利用。作为更新和完善产品和服务的重要价值共创主体，消费者的创造性得到充分发挥。消费者作为价值共创主体参与媒体的生产和传播是成就媒体数字化发展的可行方法，也是未来核心竞争力的重要源泉和动力，应该把它作为媒体融合发展的重要课题进行深入研究。

当然，对媒体价值共创带来的一些消极影响也要引起重视。一是媒体内容生产的UGC模式和PGC模式并存，对媒体的专业性和权威性提出挑战。消费者提供的海量信源、图片、视频内容质量参差不齐，加大了内容信息筛选和审核的难度。二是一些媒体对内容信息把关不到位，容易导致虚假新闻泛滥。一些媒体过度关注消费者的偏好，投其所好，容易偏离媒体原有的新闻原则，出现媚俗新闻。三是媒体开放内容平台，容易受到黑客攻击，导致网络安全隐患。媒体与消费者实现价值共创的平台维护成为一大难题。四是开放平台上的内容被随意转发、分享，内容被其他媒体聚合，存在版权纠纷等问题。另外，媒体入驻第三方平台或社交媒体平台，消费者只关注内容，很少关注内容的来源，容易造成媒体辨识度降低。在内容制作分发上，媒体投入了大量的人力、物力和财力，但效果不佳。如何应对以上消极影响，我们将在第六章进行深入分析和研究。

第五章

媒体融合价值共创与平台、通信网络的协同

从媒体与消费者价值共创路径来看，媒体和消费者在互动合作价值共创过程中，无论是内容生产、内容分发营销还是内容开发创新环节，都有平台在发挥作用，而且几乎每一个成功的媒体背后，都在其中一个环节或者全流程中至少有一个优秀的支撑平台。媒体与消费者在任何路径的价值共创，都必须基于一定的平台才能实现。没有好的内容生产平台用于内容信息的生产、分发、推广营销，再好的媒体内容创意、再好的媒体内容产品和服务也是“酒香也怕巷子深”。同样，没有优质的互动合作平台，消费者的媒介使用体验差，媒体也不可能达成与消费者的价值共创。这就是现代媒体在注重内容品质、强化打造媒体品牌的同时，也重视创建和优化平台的重要原因。

在媒体内容的传播过程中，通信网络同样发挥了重要作用，因而通信网络也应是讨论媒体融合价值共创的议题之一。如果把平台比作媒体融通消费者的桥梁，通信网络就是信息高速公路。后者更能给数字时代追求时速和时效的消费者带来愉悦体验。通信网络对于媒体与消费者价值共创所能起到的支撑作用不容忽视，这是因为，媒体即便有优质的内容、良好的分发平台和渠道，如果没有通信网络的保障，就如同一台动力十足的跑车在没有高速公路的情况下，只能在狭窄的田间小径蹒跚而行、举步维艰。这对于将网络化、数字化、智能化发展作为融合发展战略的广大媒体来说，无疑是致命的。

第一节　平台对媒体与消费者价值共创的重要性

平台对媒体与消费者价值共创之所以重要，一方面是因为互联网情境下媒体经营的全过程都离不开与消费者互动，离不开平台的集聚功能；另一方面是因为平台作为媒体与消费者价值共创的主要场所，其能力和差异化优势又将影响媒体吸引消费者参与互动和价值共创的效果。

一、平台是维系媒体与消费者关系的桥梁和枢纽

在网络时代，无论是媒体的网站、移动客户端，还是社交媒体平台、第三方网络平台等，媒体与消费者价值共创都可以在这些平台上发生。

平台对于拥有内容生产优势的媒体来说，其重要性随着网络化、数字化、智能化程度的加升愈发明显。除了媒体内容，平台是构建和维持媒体与消费者关系的桥梁和枢纽。所谓桥梁，是指有了平台，才能实现媒体与消费者的连通和关联，所有的内容服务才能被提供和接收，才能被传播、交流、分享。所谓枢纽，是指在媒体融合环境下，有了数字兼容技术，所有的内容服务得以在数字融合平台和渠道之间灵活切换、集散和流通，媒体内容依托平台的传输而变得更有价值。如今，媒体门户网站、移动客户端、博客、播客以及社交平台等多元化的平台已经成为媒体用于内容分发和与消费者互动的标配平台。央视新闻、新华社、BuzzFeed、《华盛顿邮报》、《纽约时报》等媒体深谙平台的价值，十分注重平台覆盖率。其意识到，只有通过平台才能建立媒体与消费者由弱到强的关联。只有有了多样化的平台媒体，与日益碎片化的数字时代的受众或消费者才有了更多的交集和更深、更广的融合。而只有在深度互动合作的基础上，才能有共创价值的可能。

二、优质平台是媒体与消费者价值共创的摇篮

国内外媒体融合发展普遍以打造多样化数字平台为起点，并为此建设“中央厨房”式媒体编辑部，通过打通不同的数字平台，实现“内容一次性采集制作，多元化发布”。以坦帕新闻中心为代表的大型媒体早在20世纪80年代就开始尝试构建立体、多元的复合式融合平台，致力于报纸、电视、广播渠道之间的融合，以及各网络平台之间的融合、线上线下平台之间的融合。尽管多平台运营，尤其是传统媒体内容在新媒体平台

分发传播已成为国内外媒体融合的潮流，但“多数传统媒体在商业平台上扮演‘内容奶牛’的角色”①，除在扩大媒体影响力方面可能起些许作用外，获得的经济收益微乎其微。许多媒体平台化发展也是此番景象。这意味着，并不是所有的平台和渠道都能产生或创造价值。媒体若想在品牌影响力的提升和经济价值方面获得成功，就需要打造和利用好优质平台。

何谓优质平台？优质平台应该具备这样一些特质：一是融入新技术元素，是数据化、智能化、运行高效的开放协作平台；二是平台设计人性化；三是服务功能多元化；四是平台以人为本，有人文氛围，有严格的审核管理机制，平台运行安全、有序、交互和即时通畅。这样的平台能满足不同媒介消费者的需求，能让消费者获得独特的体验。无论是抖音、微信、Facebook、Twitter这样的社交平台，还是新华社、央视新闻、CNN、《纽约时报》、《华盛顿邮报》等媒体平台，都具有这些特质，从而更能调动消费者主动互动的意愿，参与内容生产、内容分发营销、内容开发创新等媒体生产经营活动，在与媒体互动合作、资源整合中发挥其角色作用，从而共创价值。

三、差异化平台创造媒体与消费者价值共创的蓝海

不仅内容同质，而且平台同质，这往往导致传媒市场饱和、恶性竞争（如侵犯版权），降低媒体品牌识别度。更严重的后果是，媒体不能留住消费者，更不大可能获得新的消费者，进而不能吸引广告主投放广告，难免陷入社会影响力和经济效益下滑的窘境。帮助媒体扭转这种逆境、赢得消费者、重拾竞争力比较可行的办法是在多平台发展的基础上，走优质内容＋差异化的平台路线。例如，新华社的“现场云”平台、美国新闻集团的News IQ新型广告平台、《纽约时报》早期推出的NYT Now和NYT Select移动新闻应用，以及以提供技术服务为主的被称作“另类”的《华盛顿邮报》Arc Publishing平台，这些媒体公司专注于整合各自媒体在特色板块或频道栏目的优质资产，利用精良的技术工具，打造差异化平台，发挥内容或平台的特色和优势，很好地吸引了消费者的互动和合作。

第二节　媒体与消费者价值共创的平台类型

为支撑媒体与消费者在内容生产和开发创新领域广泛合作互动，以便共创价值，媒

① 张志安，曾励. 媒体融合再观察：媒体平台化和平台媒体化[J]. 新闻与写作，2018(8)：86-89.

体不遗余力地打造多种运行便捷、安全、高效、稳定而有序的智能平台系统和渠道环境。

一、媒体自主研发的开放平台

《华盛顿邮报》提供的 Arc Publishing 云服务平台，既是媒体机构内容生产和管理的 CMS 系统，又是内容集聚和交易的开放平台。它既为中小媒体机构、自媒体提供了媒体制作以及内部生产管理的能力支撑，包括内容制作的进度管理、内容素材的管理、快写新闻和多人协作模块、传播量统计以及广告计费等，又为这些内容生产者提供了展示和发布的平台。

CNN 的 iReport 也是一个自主研发的内容开发平台，从某种意义上说，它是对用户开放媒体内容制作的平台，自媒体可以通过这个平台制作内容并上传，经 CNN 审核后可以向外发布。

二、媒体入驻第三方研发的开放平台

诸如哔哩哔哩、微信、今日头条、Fackbook、Twitter、YouTube、Snapchat 等社交平台，以及 Google、Yahoo 等搜索引擎，已日益成为自媒体消费内容最活跃的平台，也是新华社、央视新闻、CNN、《纽约时报》、《华盛顿邮报》等媒体的内容分发营销中心。以内容聚合平台哔哩哔哩为例，它集聚了高水平自媒体优势和平台赋予的强互动文化优势，有利于打造新媒体传播高地。鉴于此，中央广播电视总台央视新闻、新华社、《人民日报》三大媒体采取与哔哩哔哩共赢的策略，积极与哔哩哔哩的头部自媒体强强合作，共同开发内容，实现相互引流和扩大粉丝规模。这些媒体入驻第三方开放平台，将其媒体内容信息产品，推送给第三方平台上活跃的自媒体消费者，这些消费者随后对认为有趣且有价值的视频内容进行点赞、留言、评论，与媒体交流互动，并就地取材地剪辑制作内容，通过社交媒体转发、上传内容，从中获取独特的消费体验，三大媒体的创意内容在哔哩哔哩得到了进一步分发和营销。这样做不仅拉近了具有传统媒体基因的三大媒体与年轻消费者的关系，而且有利于将各方的资源优势和创意能力整合在一起，将内容创作推向新的高度。例如，新华社出品的《久等了！B站首个 8K 视频来了，追寻最美中国星》是其与两家知名自媒体合作创作的，其中“哔哩哔哩弹幕网”负责策划，“我们的太空”参演，视频内容以 8K 高清品质全景呈现天文爱好者寻星的过程，为观众奉上了一场专业的视觉盛宴。而《人民日报》与美食体验账号“盗月社食记”合作的《外卖员：您点的外卖真香啊！》，较好地整合了《人民日报》的新闻追踪报道能力和自媒体的美食行业经验。

在与自媒体的价值共创中，合作制作的内容同时在参与方账号发布，实现了粉丝的共享，大幅提升了传播效果。例如，新华社与自媒体账号“小约翰可汗”合作创作的爆款产品《最能让带英破防的人是谁？【硬核狠人 21】》，其典型的哔哩哔哩风格令人耳目一新，截至 2023 年 6 月 30 日，该视频播放量高达 1 078.5 万，助力新华社在哔哩哔哩积累了大量人气和热度。

詹妮弗·布兰黛尔（Jennifer Brandel）搭建的数字化聚合平台“听见”（Hearken）为 70 多家新闻媒体提供“公众驱动新闻”（Public-Powered Journalism，PPJ）服务。“珊瑚计划”（The Coral Project）为“小微”媒体无偿提供数字新闻软件和算法“工具包”，该计划吸纳了 150 多家“小微”媒体参与其中①。

必须指出的是，媒体与它们入驻的第三方平台之间既存在合作关系，也存在竞争关系。媒体与第三方平台的竞争关系表现在它们彼此争夺用户和广告收入。合作表现在推广新产品和改善媒体生态。无论是竞争还是合作，最终目的都是服务于媒体自身。具体来说，首先，引导流量到自有网络平台。其次，获取可观的受众，把受众迁移到自有平台，并将新聚集的受众转化为稳定的消费者。再次，结合受众或消费者数据分析，在可能的条件下与他们开展深度互动合作，共创价值。最后，媒体获取了可观的流量和消费者，也就具备了吸引广告在自有平台投放的能力。

三、媒体组建的线上线下社区

社区，是指“具有稳定的群体结构和较一致的群体意识的特定社交群体”。社区成员有一致的行为规范、持续的互动关系，具有一致的行动能力。在互联网时代，社区基于网络而存在，其范围显著拓展，摆脱地域的限制，社区组织的关系形态得以充分展现。社区有以下主要特点：一是社区内资讯、新闻的分享，记者兼任了信息收集、分发和销售的角色，这也意味着记者对社区的受众分布、新闻诉求、分发路径等非常了解②；二是“众包”，社区记者要引导成员主动提供新闻线索和素材，进而完成新闻的制作；三是“氛围”，要在社区里围绕成员关心的公共话题进行良好的互动，并形成良性运营。

形成社区的基础是什么？克莱·舍基在《未来是湿的：无组织的组织力量》一书中指出，“社区形成的基础是共同的目标、高效率的协同工具和一致的行动”。

社区借助互联网、移动通信、场地或场景，使媒体与消费者直接实现虚拟的或现实

① 史安斌，谢张天. 美国社群媒体的复兴与“公共新闻”的重塑[J]. 青年记者，2017(28)：79-81.
② 本书作者对时任《西雅图时报》的社区编辑 Caitlin Moranc 的访谈，2016-04-07.

的互动、交流，它们之间没有中间供应商或服务商的介入。这是一种O2O互动模式，当下流行的是粉丝社区和品牌社区①。例如，《纽约时报》的粉丝社区里聚集的可能是《纽约时报》的会员，或公民记者，或“读者中心”的铁杆追随者，而品牌社区聚集的不仅是忠实于《纽约时报》报纸内容的读者，更有可能是与《纽约时报》品牌有关的产品的忠实消费者。不同社区生态存在的根本原因是实现社区中的消费者对不同层次价值的需求。由于线上线下社区网络被赋予人文情感，消费者在互动中更能与媒体产生共鸣，价值共创的效果更好。

这些平台对社区媒体形成了聚合效应，可以达到以下两个目的。一是为社区和媒体的沟通交流提供了便利，许多媒体意识到社区的重要性，主动与社区沟通，提升媒体的公众参与度和社会对媒体的认同感。《纽约时报》《华盛顿邮报》等美国主流媒体和BuzzFeed等新闻网站都与这些媒体的社区建立了合作关系，既让社区与主流媒体进行互动，形成主流媒体接地气的能力，又确保基层民众的关切和诉求能够传递到精英阶层。二是解决盈利模式问题。这是因为平台提供的工具包为社区媒体的新闻生产提供了便利，有利于提高内容质量，与此同时，媒体社区与基层民众之间的“强网络关系”使社区的吸引力增强，社区成员既有购买内容的意愿，也有参与内容共建的意愿。

通过各类开放平台和线上线下社区网络，媒体利用大数据和人工智能技术，不仅有效激活和整合了包括消费者在内的社会资源，实现了媒体与消费者之间内容信息生产传播方面的互联互通、全新聚合、精准匹配，还收集了海量消费者数据，为媒体开发新的增值业务创造条件。消费者参与媒体互动，提升了自己的工作、学习和生活品质，在创造价值和使用价值中获取全新的消费体验，从而达成价值共创、互惠共赢。

第三节　媒体与消费者价值共创中的平台协同

意识到平台对媒体融合发展的重要性，媒体也开始着力进行平台的建设。这主要涉及三个方面：一是技术建设；二是内容建设；三是制度和人文环境建设。媒体平台建设旨在吸引尽可能多且具有不同需求的消费者，基于数据监测和分析，细分消费者群体，整合不同的资源，实现媒体和不同层次的消费者互动和合作。便捷、安全、高效、稳定而有序的交互平台，为媒体与消费者价值共创提供持续的支撑和保障。

① 本书作者对时任NBC News的业务和技术主管Allison Girvin的访谈，1026-03-19.

一、媒体与消费者价值共创平台的技术建设

首先，在媒体与消费者价值共创的过程中，平台反应能力、内容访问量、页面流量、消费者规模、交互数据、变现能力（如消费者迁移、转化、广告导流）等指标是衡量媒体与消费者价值共创效果的重要参数。指标的监测分析，需要由专门的技术人员借助互联网技术、大数据、人工智能技术提供支持。媒体通常采用以下两种类型的平台数据监测分析工具。一种是在平台上设置媒体独立运营或加盟合作伙伴的监测和数据分析工具系统，如《华盛顿邮报》的 Loxodo Analytics。另一种是在平台上引入第三方测量和数据分析工具系统[①]，如 Chartbeat、HootSuite、Parsely Dash、Google Analytics、Omiture 等。前者有利于媒体和合作伙伴更加自主地调用和掌控数据。后者则有利于打消消费者、广告主和投资商对数据客观性的顾虑，让他们对是否参与价值共创有更多的选择。有了数据监测和分析结果，媒体可以实时掌握消费者在内容生产传播平台或渠道上的行为表现，并准确判断在何种平台、在哪个路径引导消费者与媒体互动合作和共创价值。

其次，平台的网络视频呈现、界面加载优化技术、内容推荐系统工具等对于媒体与消费者价值共创也具有很大的支撑作用。《华盛顿邮报》的“Zeus”是一款支持 PC、移动端及 App 的广告加速工具，2 秒钟内可以将页面广告加载完毕；《华盛顿邮报》的“Clavis”则可以为消费者推荐其感兴趣的内容[②]。众多媒体平台还利用 AI 技术，模仿知名主持人的声音播报新闻内容，与消费者进行交流、互动。这种逼真新颖的交互方式，对改善消费者的媒介使用体验，调动他们与媒体互动协作的积极性发挥了较好的作用。

二、媒体与消费者价值共创平台的内容建设

平台的技术建设是为媒体与消费者内容生产传播以及为媒体提供多功能服务赋能的。平台的技术建设也会推动平台的内容建设。

许多媒体派编辑专门负责交互平台界面设计、内容信息的更新和即时反馈、多功能服务等的内容创建、维护和优化。例如，《华盛顿邮报》利用 PageBuilder（自定义页面模板软件）压缩和简化网站设计代码，使整个界面设计看上去十分简洁大气，而且加载快速。绝大多数媒体网页都会把热门新闻和头条文章在顶栏放置，并 24 小时滚动更新内

---

① 本书作者对时任 Microsoft Store 全球网络设备运营经理 Bill Bledsoe 的访谈，2016－03－10.

② 营销理性派. 围观|这三家全球极具代表性的程序化媒体是如何撩拨广告主的？[EB/OL].（2018－02－28）[2023－06－01]. http://www.sohu.com/a/224527755_100116573.

容。为了让消费者参与互动和分享内容，还会在醒目的地方设置社交网络分享的按钮，实现跨平台与消费者交互。例如，《纽约时报》为加强与消费者互动，由专职记者和编辑组成读者中心团队，专门针对消费者关于时报新闻内容的评论及时给出反馈和更新内容。不仅如此，一些媒体还添加媒体平台的内容服务功能。例如，Snapchat 推出 Discover 功能，向消费者推送精品文章、音乐、视频。《纽约时报》开发网上商店，向消费者售卖与时报品牌契合的商品如红酒、音像制品，以及 Storyful 合作伙伴的音乐产品，以此进一步增强消费者黏性，提高与消费者多方位互动的活跃度。

由以上可见，媒体正在力图把平台打造成与社会方方面面（包括消费者在内）的信息传播交互平台和提供多功能综合服务的智能应用平台。

三、媒体与消费者价值共创平台的制度和人文环境建设

平台的制度和人文环境建设主要是为了创设安全、高效、稳定而有序的交互平台网络环境，为媒体与消费者顺利进行价值共创提供动力和保障。

在制度建设方面，保护消费者数据、禁止乱用或出售消费者数据，是媒体义不容辞的责任。以 Facebook 为例，2015 年，该社交平台明文规定限制开发者获取平台消费者信息，并在 2016 年公开平台政策，禁止政治竞选团队收集消费者的好友数据[①]。除了保护数据外，该平台对消费者的参与也有规定。例如，禁止使用带有辱骂、仇恨、威胁、恐怖性的语言，禁止在 Twitter 等平台发表种族对立的谣言及言论。这些言论被视为犯罪，不受法律保护。平台有权删帖并予以禁止在平台发帖的处罚。必须指出的是，尽管有这些规定，由于技术漏洞和算法偏见，媒体平台仍然存在消费者隐私泄露、黑客攻击以及言论攻击等严重问题，媒体平台的制度建设任重道远。

平台环境的建设，重在创建人文氛围，有效激发消费者参与互动。为了吸引用户参与互动，媒体常见的做法是采用发红包、送流量、抽奖、优惠活动、字谜游戏等激励方式。在创新长效互动机制方面，Huffington Post、BuzzFeed、Netflix 的做法可谓别具匠心。Huffington Post、BuzzFeed 以打造 UGC 平台与消费者建立强用户关系并保持长期互动见长。Huffington Post 最初通过邀请社会名流和意见领袖发布时政性博客与他们的粉丝互动，到后来开放内容平台，把庞大的粉丝群体聚拢到平台上，基于对这些消费者的数据分析，垂直细分、准确定位互动的内容和路径，鼓励消费者参与细分内容生产，并

① 猫叔在硅谷. Facebook 的罪与罚：隐私痼疾与政治斗争[EB/OL]. (2018-03-22)[2023-05-01]. https://baijiahao.baidu.com/s?id=1595594155886422440&wfr=spider&for=pc.

自发分享推送内容。与 Huffington Post 主推时政博客不同，BuzzFeed 基于抓取体验博客内容中最受欢迎的内容数据，借助萌宠、夸张的 GIF 图片将奇闻怪趣的新闻在 Facebook、Twitter、Pinterest 社交平台上或以邮件进行“病毒式”传播[①]，吸引广大的消费者互动并转发分享到其他平台网站。

为了让消费者更主动反馈意见，Netflix 十分重视优化消费者内容评价系统。最初，Netflix 平台上的消费者（观众）评价和大部分视频网站一样，请消费者给出“五星”评价和“观后感”。消费者要为该打几颗星而纠结，还要浪费时间写几十个字的影评。由于门槛高，消费者参与评价的愿意不强。2017 年 4 月，Netflix 对评价体系进行了改变，关闭了影评功能。消费者只需选择“拇指向上/向下”这一简单动作来评价影片观感的好坏[②]。这样简单有趣的设计让消费者更容易、更愿意参与反馈。Netflix 因此收集了大量消费者喜好样本。基于大数据收集和分析，Netflix 得以在第一时间智能推荐合适的内容给特定的消费者，第一时间获取消费者的互动和反馈。目前 Netflix 拥有近 1.3 亿全球订阅用户，高峰时段 Netflix 占据北美全互联网 1/3 的带宽，流量占比达到 40%，远高于 Hulu 的 14%和 YouTube 的 18%。

必须强调的是，营造参与感、人文氛围的同时，加强网络安全、交互氛围、保护隐私等网络空间环境的维护和优化仍然是全球媒体需要高度重视的问题。

第四节　媒体与消费者价值共创中的通信网络协同

随着移动通信的迅猛发展，移动互联网得到迅速普及，媒体与消费者价值共创中通信网络的重要性越发凸显出来，通信网络在媒体与消费者价值共创中发挥的重要作用体现在以下两个方面。首先，通信网络是媒体内容传播和媒体与消费者共创价值得以实现的基础。随着通信技术的发展，网络能力和质量均得到大幅提高，单从移动通信来看，从 2G 发展到 5G，网络下载速率从几十 KB/s 发展到 10GB/s，泛在高速移动通信网络使得消费者可以在任何时候、任何地点与地球上的任何人进行即时高清视频通信，这大大突破了网络对媒体内容传播的局限，为媒体传播工具理性的发挥提供了很好的保

---

① 本书作者对时任星巴克新闻编辑部数字新闻主管 Linda Thomabas 的访谈，2016－04－08.

② Lee. 在 Netflix 的算法世界里影评人是多余的[EB/OL]. (2018－07－13)[2023－06－01]. https://www.sohu.com/a/241045589_488163.

障。其次，通信运营商围绕实现与消费者的价值共创和媒体企业进行全方位的合作。事实上，通信运营商和媒体企业都认识到双方合作对实现媒体与消费者价值共创的重要性，因而聚焦为客户提供高品质内容体验，加强在对方领域的合作和布局，借助云计算技术建设内容增值服务平台，将媒体内容和通信网络进行整合，实现从内容制造到用户浏览的全过程品质保障，并在此基础上创新商业模式。

一、内容为王成为通信行业发展的共识

通信运营商一直以来强调新技术应用和商业模式创新，其准确地预判到媒体内容将成为增加用户黏性、提高用户满意度的关键因素，因而提前进行了与媒体跨界融合的布局。

从通信运营商的视角来看，传统通信业务经过语音、短信、数据等三波业务增长之后，流量收入已经进入滞涨期，而以视频为引领的媒体内容将成为行业新的业务增长点。

基于这些预测和判断，通信运营商在把握内容布局和推动通信网络建设上更加坚定了信心，把这两个领域的工作视为企业经营的重中之重。

如前所述，通信网络成为媒体传播的主要渠道，成为媒体企业提升用户体验的重要因素，通信运营商和有线电视企业缺乏新的业务增长点，寄希望于通过与内容的融合吸引用户以确立竞争地位。随着媒体融合的不断深入，各方都分享到了跨界融合的红利，同时在政府推出的一系列有利于媒体融合的宽松政策的刺激下，通信运营商、媒体企业、有线电视企业纷纷在媒体融合领域布局，其中包括通过行业内的垂直整合扩大规模、通过跨行业的横向整合打通产业链，进而促进媒体价值共创在内容生产、分发、营销等全流程的深度融合。

二、通信运营商基于价值共创的跨界融合

通信运营商与媒体企业在实现媒体与消费者价值共创的过程中，双方的互补性是很强的。从通信运营商的视角来看，内容的布局是头等大事，引入何种内容、如何引入、如何分发营销、如何保障客户优良的体验等，都需要进行系统筹划。经研究发现，通信运营商与媒体企业跨界融合的路径基本是一致的：首先，强化内容布局，借助资本运作、企业合作等方式获得有吸引力的媒体内容；其次，建立内容编排和分发中心，把媒体内容和通信网络整合起来，以保障消费者的体验；最后，在商业模式上，通过内容和通信服务的捆绑，实现企业间的价值共创，同时，消费者也得到了很好的消费体验以及融合

捆绑所带来的优惠。

尽管各主流通信运营商的融合路径基本相同，但因自身资源禀赋和经营实际不同，在跨界融合中采用的策略也是不一样的。本节选取美国主流通信运营商和中国移动通信集团有限公司（以下简称“中国移动”）作为典型案例来分析通信运营商的媒体融合路径和策略。

（一）Verizon 的内容建设从自主开发向与 OTT 合作转变

Verizon 早期在内容获取方面，先后收购了美国在线、Yahoo 两家媒体内容制作公司，随后成立了其自有品牌 OATH 媒体平台，并把美国在线和 Yahoo 的内容注入该平台，使该平台上的内容丰富、质量高，并包含了《赫芬顿邮报》、雅虎财经等众多品牌。

随着 OTT 业务的迅猛发展，Verizon 自主推出 OTT 服务，在 2015 年年底发布了“Go90”移动 OTT 视频平台，平台的内容聚焦于新闻、体育比赛以及重要事件跟踪报道等，平台还提供影视剧集、MV 等内容。但平台上市后效果并不好，没有得到消费者认可，最后不得不并入其媒体平台 OATH。

遭受自主制作内容的挫折后，2018 年 Verizon 重新回归到运营商的轨道，在强化网络服务的同时，在内容上加强与 OTT 服务商的合作，其采取聚焦的策略，重点与体育、财经、新闻和娱乐等方向的内容品牌合作。相关案例包括：与美国国家足球联盟合作，Verizon 的移动通信用户可以通过其 NFL 专用 App 收看 NFL 的赛事直播；与 Netflix 签订合作协议，为其固网用户提供一年的 Netflix 节目。

经过持续运作，Verizon 拥有了较为丰富的内容板块，如表 5－1 所示。

表 5－1　Verizon 的内容板块

来　源	频　道
Yahoo	汤博乐
	雅虎邮箱
	雅虎财经
美国在线	《赫芬顿邮报》
	瘾科技
	科技博客

续 表

来 源	频 道
OTT公司	Netflix
	美国国家足球联盟

在提升用户感知上，Verizon 推出混合信息中心网络(Hybrid ICN)。混合信息中心网络是一种新兴的内容感知服务产品，通过围绕"named data"来聚焦通信网络，而不是像 IP 地址类似的位置标识符。Hybrid ICN 中内置缓存和基于名称转发的潜在优势可以帮助在网络内的 DAS 速率调整(DAS 速率调整需要多个不同码率版本的视频)，而不仅仅是在客户端进行调整。从而为网络提供内容感知功能，实现联合视频/网络优化，提升用户体验。这个案例进一步印证了通信网络在保障媒体与消费者价值共创方面具有不可替代的价值。

(二) AT&T 推进全流程的价值共创

AT&T 在技术上非常激进，希望通过加快数字化转型的步伐将企业打造成一家从事通信服务的软件公司，其战略定位是成为一家通信、媒体、技术型(TMT)公司。

AT&T 希望在内容生产、分发和用户端体验等全流程推动与消费者价值共创，基于在通信网络上具有的先天优势，AT&T 全力补齐内容建设和分发平台的短板，采取了以下一系列具体行动。

AT&T 收购时代华纳公司和 DirecTV 公司后，在内容领域具备了与其他主流媒体公司比肩的实力。时代华纳公司旗下三大业务支柱包括 HBO、华纳兄弟、特纳广播公司①。

其中，HBO 是华纳媒体的收费电视频道，先后推出了多部原创剧集，取得了空前的成功。"高质量的原创剧集"是 HBO 的品牌，它的原创剧集占比超过二分之一，这已经是 HBO 引以为傲的核心竞争力。图 5-1 完整地展示了时代华纳的内容布局。

华纳兄弟公司旗下几大子公司包括华纳兄弟影业、华纳兄弟电视公司、华纳兄弟动画制作、DC 漫画、CW 电视网等。华纳兄弟影业是美国六大影业公司之一，其票房一直高居北美票房前列，与迪士尼交替排名前两位。DC 漫画是美国动漫巨头，它开发的超

① 格隆汇. 时代华纳(NYSE: TWX)与 AT&T 联手，动了谁的奶酪? [EB/OL]. (2018-02-08)[2023-06-01]. https://baijiahao.baidu.com/s?id=1591800243110147066&wfr=spider&for=pc.

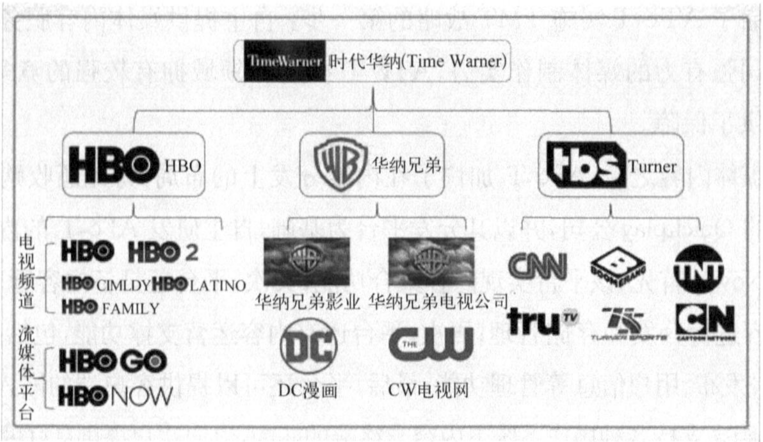

图 5－1　时代华纳的内容布局

人、蝙蝠侠等超级英雄形象享誉全球。特纳广播公司拥有的内容也相当丰富，主要有四个板块，具体如表 5－2 所示。

表 5－2　特纳广播公司的内容资源一览

新闻频道	CNN
	HLN
娱乐频道	TNT
	TruTV
	TBS
动画频道	Boomerang
	Adult Swim
宽频网站	PGA. com
	CNN. com
	TBS. com
	NBA. com

DirecTV 公司拥有的内容也是非常可观的，它拥有 200 多个娱乐和运动频道，还有近 200 个国家频道。大量高品质内容成为 AT&T 进军 TMT 的坚实基础。

AT&T 收购时代华纳公司和 DirecTV 公司之后，借助 HBO Now 这一流媒体平台，汇聚了 CNN、CN、NBA 等内容频道，推出了全新的、内容更加丰富的流媒体服务。

这一服务开启了AT&T实施TMT战略的第一步：自主提供媒体内容服务。而且由于时代华纳公司强有力的媒体制作实力，AT&T在这一领域拥有较强的竞争力，为其战略的实施提供了保障。

拥有了媒体内容之后，AT&T加快了在内容分发上的布局，为此还收购了在内容分发领域领先的Quickplay公司，并以其分发平台为基础，自主研发AT&T的内容分发云平台DirecTV Now。首先，该平台实现内容聚合功能；其次，平台还具备内容管理功能，主要是对媒体内容进行分发和存储管理；再次，平台还有内容运营支撑功能，包括内容引入、采购、认证、广告发布、用户信息等管理功能；最后，平台还可以提供客户端的嵌入式软件开发工具包功能，用来支持各种操作系统下内容与终端的匹配，以向用户提供良好的浏览体验。

借助流媒体DirecTV Now的强大功能，AT&T向用户提供了非常灵活的内容获取方式，包括常见的OTT服务和多屏互动服务。DirecTV Now承诺向用户提供无线娱乐(Endless Entertainment)服务，其特点是不受时间和地点局限的快速接入，使用云服务功能随时随地录像、快进和快退等。与此同时，AT&T根据用户喜好和消费能力设计了多种套餐，真正做到了按需供给、灵活配置。

AT&T通过资本运作实现了在内容制作、分发的布局，借助其通信运营商的网络优势，为媒体和通信网络的价值共创打下了很好的基础，并为用户带来了很好的消费体验，也取得了可喜的业绩。

特别值得一提的是，AT&T采取和《华盛顿邮报》同样的策略，把自己引以为傲的核心能力——流媒体分发平台DirecTV Now打造成云服务，向行业客户开放，从而使自身的平台融入了行业生态链，掌握了一定的行业话语权，并向Apple TV等多家媒体企业提供了托管服务。

(三) Comcast公司注重内容整合和平台建设

Comcast公司主要通过原创内容和资源合作等方式丰富其内容资源，旗下NBC每年制作大量内容，包含新闻、体育娱乐节目及电视剧等，并投入更多自制节目，以增强与Netflix等原创内容相比的竞争力。Comcast还与英国SKY广播公司合作，获得了大量的电视节目内容。

Comcast凭借其优势的有线电视覆盖网络，积极推动网络和内容的整合，以提升核心竞争力。Comcast与业界主流内容提供商合作，包括Netflix、潘多拉公司等，并把这些主流内容整合到公司的套餐中，为其有线互联网用户打开内容之门。

除了前述内容整合外，Comcast 还自主研发了内容分发平台，同样可以拥有内容聚合、内容管理和质量管控等功能。特别值得一提的是，Comcast 也走出了一条将自有核心能力（内容分发功能）包装成软件即服务（SaaS）业务向同行出租的发展之路，并广受欢迎，COX、GOGERS、SHAW 等公司都成为其重要客户。

（四）T-Mobile 专注于与 OTT 服务商的内容合作

T-Mobile 因为自身资金实力有限，在内容布局上，始终坚持合作发展的策略，在与 OTT 企业合作中，T-Mobile 秉承了反运营商（Un-carrier）策略。所谓反运营商策略，就是采取比传统运营商更简单、鼓励用户多消费流量和话务量的资费政策（如定向免流和不限流的资费）。近年来，美国消费者在视频消费时明显偏向通过手机观看，将智能手机作为收看视频第一选择的用户占比达到 57%[①]。视频是目前移动流量中占比最大的业务，也是用户实际流量超出套餐导致额外支付的主要原因。和美国其他运营商相比，T-Mobile 用户的视频内容使用量最高，因此，T-Mobile 采取鼓励用户消费流量的资费政策以大量争取异网用户，同时这一政策在和 OTT 的合作中又发挥了重要的推动作用。

T-Mobile 通过网络服务和反运营商策略，解决了用户看视频流量消耗大的后顾之忧，通过与 OTT 内容商合作，以优惠的价格将 OTT 内容整合到其专用内容分发平台 Binge On 上（图 5－2），为用户提供丰富的内容。T-Mobile 通过丰富的内容和用得起的

图 5－2　T-Mobile 与 OTT 合作的流媒体应用

① 华为. 美国 T-Mobile 移动视频运营之道[EB/OL]. [2023－02－13]. http://carrier.huawei.com/cn/success-stories/Big-Pipe/T-Mobile.

资费吸引大量用户消费从而获得收入的增长，最终实现消费者、OTT 和 T-Mobile 的价值共创。

T-Mobile 的具体做法是通过 Binge On 平台统一优化 OTT 合作伙伴的视频流，把视频流编码成各种分辨率等级的码流（如 480P、760P、1080P 等），其中满足一定消费条件（用户只要选择 3GB/月＋Simple Choice 套餐即默认加入 Binge On）的用户可以免流量费不限量观看 480P 的内容。其内容包括 81 个主流 OTT 媒体的内容服务，如 YouTube、Netflix、HBO、Sling 等，甚至包括竞争对手 AT&T 的 Direct TV、Verizon 的 Go90 视频业务。

图 5－3　T－Mobile 与 OTT 的合作模式

Binge On 模式释放了消费者压抑已久的流量需求，吸引了大量的重度视频用户加入 Binge On，刺激消费者大量消费流量。这些都导致 T-Mobile 用户的移动视频消费大大高于其他运营商，同时还带来了大量用户增长，例如，2015 年第四季度与 2016 年第一季度连续两季度其净增用户市场份额超过 65%。随着用户观看内容的时间增加，OTT 运营商也得到了更多的内容付费收入和后向广告收入。图 5－3 归纳了 T-Mobile 与 OTT 的合作模式。

（五）中国移动以视频业务合作推动主业协同发展

2014 年中国移动成立咪咕视讯科技有限公司（以下简称“咪咕”），定位为“以网络视频服务经营为核心，开展多元化的视频业务，并最终打造成为国内领先的综合型视频服务企业”。其希望通过持续加大对自制内容的投入，以体育赛事直播为主打内容，通过与芒果超媒股份有限公司（以下简称“芒果超媒”）等合作提升内容的丰富度和竞争力，以运营商的网络优势保障客户体验，实现与主业发展的良好协同。在视频业务合作方面中国移动采取了以下策略。

1. 内容版块以体育赛事直播为主

咪咕视频打造了覆盖各细分品类的赛事直播版块，其体育直播资源主要有两大类：

以奥运会等为代表的较长周期的重大国际性赛事;以英超、NBA 等为代表的较短周期的赛季制赛事。赛事直播版块共有 78 项赛事,包括足球、篮球、排球、拳击、乒乓球和综合赛事等六大类别。其中,足球赛事 15 项(包括五大联赛),篮球赛事 9 项(包括 NBA 和 CBA),排球赛事 5 项,拳击赛事 4 项,乒乓球赛事 5 项,综合赛事 40 项。

2. 通过合作,为客户提供高质量、便捷的视频体验

2019 年,中国移动资本入股芒果超媒,成为其第二大股东。咪咕通过与芒果超媒的合作,在三个方面推动咪咕和移动业务发展。首先是提升咪咕自制内容的质量。咪咕视频和芒果 TV 共同制作了《歌手・当打之年》节目。该节目是一档音乐竞技类节目,其中咪咕视频提供直播和点播服务,芒果 TV 负责内容制作。咪咕视频和芒果 TV 还联合推出多部热播剧集的独家点播服务,咪咕视频可以为这些热播剧集提供更加便捷的观看方式。这些合作项目为用户提供了更加多样化的娱乐选择,同时也促进了双方平台的用户互动和内容共享。

其次是通过多终端合作提升客户体验。双方从小屏合作拓展到大屏的多终端合作,不仅增加了咪咕视频的覆盖范围,更通过咪咕作为内容抓手,凸显移动的宽带或定向流量等通信业务的差异性和吸引力,提升中国移动通信业务的竞争力。通过多终端的合作,两家公司共同为用户提供更加便捷、丰富的数字内容体验。例如,在咪咕视频上观看《歌手・当打之年》节目时,用户可以通过手机、电脑等多种设备观看,同时还可以通过"咪咕圈圈读书会"等进行互动。这种多终端合作的模式可以帮助用户更好地享受数字内容带来的乐趣,同时也有助于提高数字内容的传播效率。

咪咕视频打造了一个聚合各种类型视频内容的视频平台,同时与中国移动通信业务发挥了较好的协同效果。从平台的内容分布上看,咪咕视频以体育为主导,在各类体育赛事直播版权上持续投入;对于自制内容,一方面和芒果超媒共同出品自制内容,另一方面利用在 5G+4K 等方面的技术优势实现自制内容质量的差异化。从与移动业务的协同上看,咪咕视频一方面为中国移动宽带业务和移动业务用户赠送会员服务以提升通信服务的吸引力;另一方面通过会员订购+广告的商业模式新增收入来源。

第五节 本章小结

如前文所述,媒体与消费者价值共创孕育于特定的媒体融合创新环境之中。在数

字化转型和媒体融合的不同发展阶段，媒体先行者始终坚持大胆创新实践和适时调整发展战略。但无论是数字优先发展战略还是基于数字平台融合发展的组织、内容、技术、商业模式等，新华社、中国移动、《纽约时报》、《华盛顿邮报》等的创新都具有持续性、多维度、协同性等特点。这些媒体在新技术应用、生产组织优化、内容开发、商业模式变革等多维度展开的创新，能达到相辅相成、相得益彰的效果。常常是一个维度的创新推动了另一个维度的创新，这种特性的创新往往很难被竞争对手复制或超越，独树一帜的创新是这些媒体的竞争优势。媒体与消费者价值共创正是在这些创新的驱动下得以形成和发展。不难发现，对于媒体而言，媒体与消费者价值共创的落脚点是争取消费者，这是媒体开展数字订阅、数字广告、品牌营销以及实现内容变现和流量变现的关键所在。正是基于这样的认识，媒体依托优质平台和大量投入的技术、网络、人力资源，积极推行与消费者价值共创的举措，不断开拓数字化发展的新局面。

以“粉丝经济”“维基经济”为特征的“互联网＋”时代的到来和互联网技术在传媒产业的应用，为媒体与消费者价值共创提供了赖以存在和发展的社会基础和技术基础。由于互联网的“去中心化”，它不仅为媒体的价值创造赋能，而且为消费者的价值创造赋能。又由于互联网具有“开放”“分享”“连接”的特性，媒体与消费者得以在平等交互的基础上共创价值。传媒多年的产业化和商业化的市场运作模式在不断地强化媒体的大众消费意识。媒体融合更是为媒体与消费者价值共创提供了不可或缺的基础条件。媒体融合倡导媒体与消费者平等对话、交流、协作、共享的互动合作理念和原则。而媒体融合以消费者为中心、以优化消费者消费体验为导向、以数字订阅优先的数字化发展战略决定了媒体对数字时代消费者的倚重。由于媒体在组织、技术、内容、平台、商业模式等多层面不断进行融合创新，使得以 UGC 与 PGC 交互为特征的双向生产成为可能。不仅如此，通过各种融合平台和渠道网络，信息内容借由消费者能够以快捷、便利的方式广泛地传播和分享。围绕内容生产、内容分发营销与内容开发创新，使得媒体与消费者实现有效的价值共创。在媒体持续的融合创新作用下，媒体与消费者在不同路径、不同平台、网络环境中的价值共创相应地更趋成熟。

一、强化互联网思维和用户思维，加强与多方多层面合作

媒体与消费者的价值共创在媒体融合中是非常普遍的现象。相当一部分的新闻机构和媒体组织，如新华社、《纽约时报》、《华盛顿邮报》，逐步破除组织机构内部的行政区隔，跨越组织和产业的边界，成功实现跨部门、跨媒体、跨产业协作，建立起媒体与其他产业、

投资伙伴、广告商等多个利益相关机构和主体互融互通、共创价值的融合发展生态格局。在此情形下，越来越多的消费者也积极参与到媒介信息内容的创意生产、分发营销、开发创新活动中，成为媒体之外的另一大重要的生产传播主体，他们不再仅仅是信息内容的使用者和消费者，还是信息内容的生产者，与媒体全程互动协作，共创价值——为媒体和消费者创造经济价值和社会价值。媒体与消费者以及其他利益方的多层面互动合作、互利共赢是互联网思维和用户思维在现代媒体融合中的灵活运用。

目前，我国主流媒体和非主流媒体发展同处在一个以消费为主导，"粉丝经济""互联网＋"盛行的媒体市场，媒体、消费者与第三方合作伙伴共同参与新闻内容生产、传播及相关的新闻产品服务的趋势越来越明显，多层面、全方位的互动合作可以为创建新商业模式、扩大媒体品牌知名度、提高媒体的影响力和传播力提供多种契机（我国新媒体发展在这些方面仍然存在问题①）。其包括：实行内容产品生产众筹；推行新闻内容在自身平台和跨组织平台上发布；加强媒体与第三方合作组织的内容产品和服务互动营销；发展与新闻品牌相契合的多元经营等。在充分整合媒体、消费者和第三方合作伙伴等资源、多方共享价值红利方面，我国媒体有必要在政策允许的前提下积极拓展更多更优的合作渠道。我国媒体应尽快转变观念，强化互联网思维和用户思维，落实好多方、多层面的深度合作。只有这样，媒体才能摆脱对经济的依赖，为自身赢得更大的生存发展空间。

二、以消费者为中心，注重完善消费体验

价值共创的理论和实践表明，由于互联网时代的消费者对价值创造的影响越来越大，媒体应该接受以消费者为中心的理念。在新媒体环境下，媒体以消费者为中心则表现为，媒体提供的媒介内容信息服务平台不仅仅是向消费者单向传递信息和进行舆论宣传的场所，还应该成为消费者与媒体展开对话、消费者与其他消费者自由交流的中心。消费者通过对媒介内容反馈、发表评论、经验分享以及参与媒体组织的线上线下活动，得以实现人际社会交往，并获得情感上的满足感和认同感；通过提出创意、展示知识技能、相互交流学习并聚集在具有相同志趣、学识的社群中，得以提升个人能力和促进个人发展，获得归属感和社会影响力。

不仅如此，媒体提供的媒介内容信息服务平台还应该是充分利用视频技术、虚拟现

① 在作者公开发表的《数字化背景下新闻媒体与消费者价值共创研究》一文中，开篇对我国数字新媒体发展的问题进行了剖析。

实技术、大数据、人工智能等新媒体技术于一体的高科技平台，这样不仅能为消费者实时、精准、快捷地提供内容服务，还能满足消费者对可视化、智能化、个性化和人性化内容推送形式的需求。消费者在与媒体以及其他消费者对话交流中获得的参与感、认同感、归属感，以及在媒介平台使用过程中产生的愉悦感和满足感，逐步形成整体稳定的消费体验。有了良好的消费体验，消费者才会有意愿频繁参与媒体互动，进而主动投入资源与媒体合作，共创价值。

三、发挥消费者作为价值创造主体的角色作用

对消费者在企业中角色的重构是价值共创理论的突出贡献。依照传统的价值创造理论，消费者只是价值的使用者和消耗者。价值共创理论则认为，消费者不仅仅是价值的使用者和消耗者，他们还是价值的创造者。随着互联网时代的到来，消费者的价值创造潜能有机会释放出来，其影响力越来越大。媒体应该想办法鼓励消费者参与到价值链的各个环节中，成为价值共创者。

为了调动消费者互动的主动性和意愿，鼓励他们参与到媒体内容生产、分发营销、开发创新等各环节中，媒体不仅要重视消费者的消费体验，还需要对消费者在各环节中的角色进行合理定位，以使他们在不同环节中发挥其相应的价值创造作用。消费者作为价值共创者，在各环节互动中扮演多样角色，如资源提供者、共同生产者、内容分发者、促销者、创意咨询者、信息反馈评论者、质量监督者、习得者等。根据不同环节中分配的不同角色，消费者投入相应的时间、知识、智力、人力等各种资源，在与媒体互动合作中，这些操纵性资源得以与媒体自身的资源整合。媒体与消费者这种资源整合的过程也是媒体与消费者共创价值的过程。

四、保持消费者参与互动合作的持续性与连贯性

保持媒体与消费者互动合作的持续性，旨在让消费者参与互动常态化，打造媒体与消费者的强关系，形成稳定持久的互动合作。为此，媒体要想方设法创设良好的平台交互环境，精心策划组织每个互动环节的活动内容和项目，并配以吸引消费者的激励机制。通过不断满足、创造消费者的需求，带给他们良好的消费体验，让他们主动地与媒体达成长期持久的互动合作。

保持媒体与消费者互动合作的连贯性，是指内容生产、分发营销、开发创新等各环节的互动要环环相扣，媒体与消费者在一个环节的互动与在另一个环节的互动要相互

配合，形成一个有机的体系。一个环节的互动可以带动另一个环节的互动，所有环节的价值共创联动组合在一起能产生“共振效应”，进而实现价值共创。

五、健全以完善消费者体验为导向的互动合作机制

完善消费体验能为媒体带来可观的价值。这不仅是指媒体为消费者生产高品质的、有用的或有趣的内容，或者为消费者提供多功能服务，还是指满足消费者的社交诉求和价值诉求①。在网络环境下，消费者通过各类开放平台参与媒体组织活动，表达自我、发现自我、创造价值，这对消费者来说是绝好的体验。美国的一些媒体，如《华尔街日报》、《纽约时报》、BuzzFeed、Netflix 等，之所以能在数字化转型时期保持数字订阅量、网络流量不断攀升、广告收入稳居高位，其中一个非常重要的原因在于它们注重消费者体验，想方设法策划组织活动项目让消费者参与进来，并且已经有了一整套十分完善的互动合作机制。

在建立健全媒体与消费者的互动合作机制方面，媒体先行者给我们的借鉴主要体现在以下三个方面。其一，媒体组织管理者要明确媒体的编辑和消费者作为价值主体的职责，要协调平衡好媒体的价值主张和消费者的价值诉求，以此调动消费者参与互动的意愿。其二，媒体项目的负责人要及时上传下达，保持与上级组织管理者和消费者的沟通渠道畅通，保障组织内部的创新战略和规划能有序实施。既要保持媒体原有品牌风格，又要不失时机地开拓新品牌；既要前瞻性地引导创造需求，又要兼顾消费者对媒体信息内容提供的新创意、意见以及合理需求。其三，应建立和践行激励机制和强化把关人意识。要采取多种多样的奖励形式让消费者提出创意方案和参与媒体策划组织的专题项目实施。同时，数字媒体的编辑和记者更需加强内容把关，确保有质量的创意和内容获得上传发布，并通过写编者按、优秀作品评选等形式引导参与内容创意和内容营销的消费者树立正确的观念，并培养和提高这类消费者的媒介素养。类似这样的互动举措在新华社、《纽约时报》等媒体中经常使用，事实证明其能有效发挥消费者和媒体各自创造价值的能动性和创造性。

六、加强与通信网络的全方位协同

媒体与消费者价值共创的实践表明，媒体要寻求消费者的参与和合作，还必须提供并维护好便于消费者参与合作的各种平台和通信网络。要建立健全便捷、顺畅、有效的

---

① 本书作者对福布斯媒体首席产品执行官 Lewis D'Vorkin 的访谈，2016－03－06.

平台沟通机制。其一，无论是借助第三方合作平台，还是媒体自主投入创建向消费者开放的网络平台和线下社群等，媒体除了要提供用于与消费者互动的多种基础硬件条件，还要配备能及时响应的网络技术工程师，以便在平台网络出现故障时能第一时间排查和修复，保障网络和基础硬件设施的正常运行。其二，投入即时在线在场的专门人员，包括技术人员、记者、编辑，让他们彼此配合做好内容、平台、网络的优化工作。不仅要确保记者、编辑的内容产品和创意能与平台设计、网络运行速率相匹配，还要确保创建的平台和提供的通信网络能充分支撑有消费者参与的活动任务，做到海量的内容信息能准确、便捷、及时地上传和下载。其三，创建和谐、友好的平台界面和人性化互动场景。例如，设计励志箴言、轻松游戏、友情提示、智能应答等，以此激发消费者参与价值共创的意愿和调动他们的主观能动性，使媒体和消费者互动合作成为常态，不断增强消费者对媒体的信任度和忠实度。其四，加强平台网络的安全防护和管理。要多方助力建立和落实好使用平台的政策法规。为了规范约束参与网络内容生产传播的消费者的行为和保护消费者隐私，杜绝网络暴力、防止虚假新闻和不良内容信息的泛滥、防止黑客攻击，美国联邦政府出台了一系列网络政策法规，如《通信内容端正法》《电子通信隐私法》，从严治理网络犯罪，并辅以行业自律、市场调节等多方合力。我国先后出台了《中华人民共和国民法典》《中华人民共和国网络安全法》，媒体应予以积极响应，并号召消费者自觉遵守相关规定，以保障媒体与消费者价值共创能在有治、有为、有序的网络平台环境下进行。

要解决我国媒体数字化发展问题，媒体除了提供优质内容信息产品外，还必须重视消费者的需求，采取多种措施优化消费者的体验，调动消费者互动和合作的意愿。在此基础上，应通过创建优质平台网络和提升内容运营能力，吸引消费者积极参与媒体组织的内容生产、分发营销、开发创新等活动，充分发挥他们贡献资源、创造价值的能动性和创造性，助力媒体扩大品牌影响力和传播力，推进媒体数字化发展。

第六章

媒体融合进阶发展：新媒体治理的视角

随着媒体融合的持续深入，人工智能算法、互联网和通信技术不断普及应用，新媒体的高效传播特点得到充分发挥，媒体与消费者价值共创的效能得以充分激发，而与此同时，低俗内容泛滥、知识版权缺乏保护、深陷“信息茧房”、网络公共领域传播失衡等新媒体治理问题也接踵而来，且愈演愈烈。因而，我们在研究媒体融合中媒体与消费者价值共创时，新媒介的治理问题必然成为不可或缺的研究范畴。

第一节　媒体融合发展中存在的治理类问题

如前所述，新媒体技术的不断演进和互联网环境的迅猛发展，在新媒体内容生产、传播、运营中产生了非常积极的作用，同时，也存在着一系列亟待解决的问题，如提升内容质量、维护受众自主性、保护个人信息、保护版权等。

一、新媒体内容生产的低质化、虚假化问题

新媒体技术和传播环境的快速发展极大降低了内容生产和传播的门槛，在内容生产者和受众的平均认知水平偏低的大背景下，新媒体传播表现出泛娱乐化、碎片化和弥散性等特点。新媒体传播领域基于流量至上的价值逻辑，导致低质化内容向受众漫灌。新媒体实现商业变现的基础是“流量”。内容生产者关心如何在海量内容中抢夺受众有限的注意力，平台关心推送的内容是否匹配受众兴趣，以增强受众在网时长和黏性。因

此，最大化获取流量成为当前新媒体的价值偏向，成为新媒体的底层传播逻辑，新媒体以流量作为价值分配的主要维度，进一步激发“流量至上”的内容生产。由此带来的影响主要有以下两个方面。第一，新媒体多以“短、平、快”的内容为主，以更低的注意力成本吸引更多的受众，少有长篇幅、深度性的内容。第二，新媒体内容呈现渲染性、娱乐性、夸大性的倾向。传统权威媒体为了适配新媒体的流量偏向，其视频的内容、标题或视频封面也逐渐体现出娱乐化、通俗化的风格，其他的内容生产主体更容易耽于“流量饥渴”而生产大量的劣质内容。

新媒体的传播环境客观上为一些不良传播行为提供了便利。如随时随意删除、篡改内容，或低成本生产、发布劣质内容等。更有甚者，大范围传播谣言、虚假消息。近年来“互联网维权”的现象越来越多，部分网民认为自己遭受不公正待遇后，不诉诸法律，而是利用媒体空间发布不实消息，引起舆论关注，由于虚假内容追溯的成本高，众多制造网络暴力和误导舆论的网民较难被追责。

二、受众获取信息的主动性和目标性弱化问题

新媒体的传播逻辑和话语范式，彻底颠覆了报纸、广播、电视，以及网页时期的网络传播逻辑。一方面，内容生产和分发的主体分离，传统媒体的内容生产和分发由同一机构掌握，而新媒体成为聚合多元内容的平台，不同地域、不同门类（新闻或娱乐等）、不同形态（组织或个人等）的内容生产主体共享同一个内容分发渠道，信息流动模式从“内容生产者→受众”逐渐转变为“内容生产者→内容聚合平台→受众”。在此过程中，议程设置主体发生嬗变，算法决定了哪些内容被推送给哪位用户，替代传统“编辑”/“编导”等人的角色成为实际的议程设置者。因此，基于算法对用户进行无间断主动推送，形成了“信息漫灌”。受众获取信息由“找→得”模式转变为被动接受信息“灌注”。

理论上讲，网络公共领域的公共性应是由媒体与大众的主体性实践体现出来的。公众经由大众媒体进行沟通，了解彼此对公共事务的意见，对公共问题产生疑问或形成共识，由此产生“公共性”①。然而在算法驱动的新媒体情境下，这种“公共性”面临被消解的风险。

一方面，个性化算法推荐为公众织造的“信息茧房”，进一步造成公众之间、公众与公共事务之间的隔绝和背离。个性化算法推荐系统是以“我的日报”②的形式让内容触

① 黄月琴.公共领域的观念嬗变与大众传媒的公共性——评阿伦特、哈贝马斯与泰勒的公共领域思想[J].新闻与传播评论，2008(00)：111－119，252，260.

② 尼古拉・尼葛洛庞帝.数字化生存[M].胡泳，范海燕，译.北京：电子工业出版社，2017.

达公众的。“我的日报”对公众个体呈现的是高度个人标签化的内容。例如，当公众被新媒体算法打上“美食”“文艺”的标签后，他的新媒体推荐页面呈现的是源源不断的美食厨艺或文艺视频。公众个体因而被封闭在自己的“信息茧房”里，专注于个人化的议题和内容。另一方面，算法根据热度推荐的个性化内容良莠不齐，内容分区界限较为模糊。在“我的日报”上往往时效性新闻和非时效性内容、时事政治与生活娱乐、公共热点和个人兴趣等均混杂在一起。

如前文所述，算法主推的娱乐化、情感化内容，削弱了公众对社会公共事务的关注。而个性化算法推荐带有明显的私域化特征，公众局限在各自的“信息茧房”里，其意识观点呈现多元性和离散性，因此参与公共讨论、达成共识的基础并不稳固，这在无形中消解了新媒体公共领域的公共性。

三、AIGC 带来的版权争议问题

AIGC 的飞速发展和商业化应用，给大量依靠版权为主要营收的企业带来冲击。一方面，AIGC 难以被称为“作者”。《中华人民共和国著作权法》规定，作者只能是自然人、法人或非法人组织，很显然 AIGC 不是被法律所认可的权利主体，因此不能成为著作权的主体。另一方面，AIGC 产生的“作品”尚存争议。《中华人民共和国著作权法》规定，作品是指文学、艺术和科学领域内具有独创性并能以一定形式表现的智力成果。AIGC 的作品具有较强的随机性和算法主导性，能够准确证明 AIGC 作品侵权的可能性较低。同时，AIGC 是否具有独创性目前难以一概而论，个案差异较大。

有业内人士尝试探索将创作者的“创意”进行量化，甚至定价，以便打造 AIGC 的商业模式。其中“注意力机制”将成为 AIGC 潜在的量化载体。例如，有专家提出，通过计算输入文本中关键词影响的绘画面积和强度，我们就可以量化各个关键词的贡献度。之后根据一次生成费用与艺术家贡献比例，计算创作者产生的价值。最后再与平台按比例分成就成为创作者理论上因贡献创意而产生的收益。

部分开源的 AIGC 项目，对生成的图像监管程度较低。一方面，部分数据集系统在进行 AI 训练时对人像图片造成侵权的现象屡禁不止，这些数据集正是 AIGC 等图片生成模型的训练集之一。例如，部分数据集在网络上抓取了大量病人的就医照片，且没有做打码模糊处理，不利于用户隐私保护。另一方面，利用 AIGC 生成虚假名人照片等违禁图片，甚至制作出与暴力和低俗内容有关的画作的情形也时有发生。

由于 AI 本身还不具备价值判断能力，一些平台已经开始进行伦理方面的限制和干预。例如，DALL－E2 开始加强干预，以减少性别偏见的产生，防止训练模型生成逼真的个人面孔等，但相关法律法规的空白和 AIGC 应用研发者本身的不重视仍将引发对 AI 创作伦理的担忧。

第二节　新媒体数字化治理的探索

在新媒体传播中，“算法”登上前台成为传播的使能者和塑造者，算法作为内容和受众间的新中介，发挥着隐形把关人的作用。因此，探讨新媒体传播语境下新媒体的治理问题，其关键在于如何在新媒体传播中强化媒体和消费者的主体性和主导性、恢复媒体内容生产和传播的价值理性、重塑新媒体传播在网络公共领域的公共性等，为此，本节提出以下四个方面的治理路径。

一、推动算法透明，恢复受众主体性

“算法透明”是指“阐明那些与算法有关的信息可以被公开的机制，包括信息透明、理念透明和程序透明”①。实现算法透明面临很多现实性困难，首先是主体意愿问题，算法涉及平台主体的核心技术资产和商业机密，公开算法有损害平台主体商业利益的风险；其次是技术复杂度问题，理解算法需要计算机、数学等专业知识，公开算法底层原理对普通公众而言意义不大也无必要。

2018 年，“今日头条”曾公开其算法模型设计策略，除了对模型、函数等技术性较强的内容进行讲解外，也回应了普通用户常见的问题，如“为什么总推荐重复的内容”“如何给用户打标签”等。但算法是动态更新的，一次公开并不能保证用户一直对算法有知情权，同时也没有给出用户如何规避其负面效应的解决方案。

算法透明是受众重获主体性地位的必要条件。“隐形把关人”需要具象化，进而客体化。应使受众了解算法以及算法的议程设置功能，并能采取相应的选择及规避策略，从而重获主体地位。如何确定算法的透明程度是其中关键，在此过程中要不损害平台的竞争性商业机密，同时还能够让受众易于理解其算法推荐的核心逻辑。

例如，平台可向用户公开如下信息：平台收集哪些用户信息用于“用户画像”，如性别、年龄、职业、联系人、浏览记录等；关键信息与标签如何对应，如“女性”对应“美妆”标

① 陈昌凤，张梦. 智能时代的媒介伦理：算法透明度的可行性及其路径分析[J]. 新闻与写作，2020(8)：75－83.

签、“老人”对应“养生”标签等；用户使用行为如何影响内容推荐，如相似内容点击三次后即标记为喜欢、加强推送等；其他影响内容推荐的因素，如按粉丝数量优先推送、按内容匹配度优先推送等。

通过公开以上信息，用户得以了解信息被呈现或遮蔽的机制，在此基础上，平台可以向用户提供“定制算法”的功能，赋予用户更多的自主性。例如，可以选择关闭“按性别推送”选项以接收被“性别”标签过滤的内容；可以选择关闭“按粉丝数量优先推送”，选择“按内容匹配度”或“按时间远近”推送，以避免长期被个别“大V”垄断观点等。

通过对算法进行适度的透明化，保障用户知情权，并赋予用户根据自己的主观意愿选择算法的权利，能推动新媒体传播重回“人选择信息”的轨道，实现个体在“信息漫灌”中主体意识的觉醒，为有意识地关注、参与社会公共事务讨论做好准备。

二、回归新闻专业主义以重建理性价值导向

新媒体在赋予个体更多表达和创作自由的同时，也在割裂社会理性和共识基础。一方面，用户创造内容“不是在‘观点的自由市场’上产生的，容易受到政治、商业的干扰”[①]；另一方面，“唯流量”价值观导致内容劣质化。因此，新媒体需要回归新闻专业主义，以价值理性为出发点进行专业性把关，重建理性价值导向。

新闻专业主义主要包含“要做到客观中立，要追求真理、服务社会，主张事实与意见分离、内容与经营分离”等含义。算法代表了典型的价值理性，通过技术以实现利益的最大化，而新闻专业主义理念则“同时包含了价值理性的内容，因为价值理性关怀人性的世界、人文的世界和有意义的世界”。有学者认为，新媒体技术瓦解了新闻专业主义的基石，“有深度、专业化的新闻报道团队，被那些了解新媒体性质，能够提供及时的、碎片化的、易传播的(标题党、数据可视化等)非专业性新闻信息生产者和计算机领域工程师们”取代。从新闻专业主义延伸，近年来有业内人士提出“娱乐专业主义”[②]的概念，强调专业主义在大众传播娱乐内容领域同样具有重要性。

新闻专业主义的缺位是新媒体内容“劣币驱逐良币”的重要原因之一。加强新闻专业主义，让人的价值观高于算法的价值观，是新媒体塑造良好的内容传播环境的必由之路。

一方面，要增加专业内容编辑力量，加强内容编辑团队的专业性建设，增加人工编

① 吴飞，田野.新闻专业主义2.0：理念重构[J].国际新闻界，2015，37(7)：6-25.
② 徐帆.娱乐专业主义：基于《中国好声音》的解读[J].南方电视学刊，2012(5)：15-18.

辑在整个内容传播流程中的权重。新媒体本质上是互联网化的，其底层逻辑是自动化和效率，但它要履行大众传媒功能，其底层逻辑是意义和价值。因此，必须将人置于核心位置，对算法进行干预和管理，而非相反操作。例如，对于重要、优质或权威发布的内容，要在编辑评估之后人工置顶、重点曝光，加大推送力度；而对于流量大、点击量高，但无意义、价值低的内容，要降低热度、减少推送甚至做下架处理。再如，通过加强人工编辑，打击为了"引流"而出现的标题党、文不对题等现象。

另一方面，平台在设计算法的时候，应当考虑将价值理性内化于算法规则中，有意识地将流量导向理性的、有意义的内容。例如，定期审核内容发布主体，对优质账号、权威账号推送加权；对时政类、文史类等严肃内容加权；对搞笑类、生活类等内容适度降权；对长视频、长文章加权；对极短的视频、同一片段多次重复的视频、夹杂大量"表情包"的文章等降权等。

三、区隔公域和私域内容以重塑新媒体公共性

由于新媒体缺失内容区隔机制，内容混杂在一个巨大的"内容池"里，通过同一套算法体系进行"信息打捞"，因而"私人生活的问题被吸收到公共领域当中"[①]，通过个性化内容生产和消费，"私人领域和公共领域这两个环节之间的界线又一次消失了"。

为了重塑新媒体公共性，平台要建立内容区隔机制，将"内容池"变成分区的"资料馆"，明确不同类型资料的索引路径，使公共事务得以显著地、独立地存在，不会因为其所含意义之外的因素(如数量、流量、受众兴趣过滤等)而淹没在冗杂的"内容池"里。

首先，区隔具有时效性的新闻/资讯类内容和非时效性的一般内容。对于新闻/资讯类内容，引入发布者"资格准入"机制，即仅允许经过平台认证的、具有新闻/资讯发布资质的主体(如具有新闻采编权的媒体组织，政府、企业的官方发布部门等)在此区域发布内容，以防止大量转载、二次创作等冗余信息，以及假新闻、谣言等虚假信息对重点信息的淹没和遮蔽。

其次，区隔社会公共内容和个性化内容，并采取不同的传播逻辑。针对社会公共性热点议题设置独立的分区，对于时政、医疗、教育、经济、政策、体育、文化等公共内容加强人工编辑，替代算法发挥专业性把关和议程设置功能，通过人工"编排"赋予受众平等的机会以了解社会公共事务，重建公共讨论的空间和共识形成的场域。在此区域之外，基于用户兴趣，发挥算法个性化推送作用。

① 哈贝马斯. 公共领域的结构转型[M]. 曹卫东，王晓珏，刘北城，等译. 上海：学林出版社，1999：198.

通过明确的分区以及不同传播机制，公共领域与私人领域的界线得以重建，传媒公共性得以重塑，用户不再被“困于”新媒体织就的私域茧房内，从而重获进入公域参与讨论的渠道。

四、借助区块链提升内容质量，保护知识产权

（一）对问题内容进行有效监管

新媒体承载了海量内容，其中包括大量假新闻、谣言、低俗内容、侵权内容等，如何高效治理劣质内容一直是新媒体治理的痛点。一方面，新媒体内容发布门槛低导致大量劣质内容的产生，平台内、平台间对内容的转载、二次发布、再创作等造成劣质内容广泛传播。在此过程中，对“问题内容”的溯源较为困难、费时费力。另一方面，劣质内容传播过程中所牵涉的内容传播主体众多，往往因追责成本较大而不了了之。

区块链技术可以提供行之有效的解决方案。以区块链数据结构为基础的平台建设，可以避免原创作品被他人录播后转发或抄袭[①]，设想如下：可建立新媒体监管联盟链，成员包括新媒体平台、行业监管机构（如广电总局、新闻出版总署等）、司法机构等。这样新媒体平台发布每一条内容都需要上链存证，记录发布者、发布时间、关键内容等信息。一旦出现“问题内容”，该条内容的发布路径清晰可溯，整个传播链条的生产者、发布者、传播者一览无余，监管机构可以迅速定位问题源头和关键节点。在需要司法介入的场景下，能通过区块链及时固定证据，并同步到司法系统，可以减少大量溯源和查证工作。这种监管机制主要针对事后追责和处置，对促进新媒体自律和事前防范也能起到较大作用。由于信息对监管与司法机构开放，平台违规违法成本大幅提升，从而倒逼平台加强自律和专业性管理。行业监管仅靠技术手段是不够的，根源上还需要完善相关法律法规，明确新媒体平台、内容生产与发布主体的责任与义务。在此基础上，区块链技术的应用对于提升监管效率、降低监管成本、打造行业自律生态将具有较好的促进作用。

（二）通过区块链重塑价值分配体系

区块链技术中智能合约的应用可以使价值分配机制透明化、自动化、高效化，建立创作者和平台的信任关系，实现可持续的价值正循环，构建健康的新媒体生态体系。

用户创造内容逐步成为新媒体传播的主流。如何进行合理的价值分配成为塑造良好新媒体内容生态的关键。目前，新媒体在进行价值分配时主要存在以下两个方面的

① 吕星.区块链与媒介内容生产应用[J].中国记者，2020(7)：120－122.

问题。一方面，收益分配规则由平台掌握，计算过程不透明，平台间缺乏联动机制，转载、盗用等现象较为普遍，用户权益缺乏制度性保障。另一方面，价值分配的依据主要是“流量”，平台根据流量分配创作者收益，高流量的内容和用户还能获得更多的广告投放机会。“流量为王”的价值偏向，使得短平快、无聊也无害的内容更容易得到流量，优质内容反而难以变现。

利用区块链的分布式账本特性，可以在进行价值分配时建立透明机制并保护作者权益。我们可以设想两种方式：一是由单一平台、监管机构、银行等组成范围较小的联盟链，基于平台设置智能合约自动计算用户发布作品的收入，其计算过程透明，收益认证后由银行自动结算给用户；二是由多个平台、监管机构、银行等组成范围较大的新媒体联盟链，内容在联盟内平台间被转载、再创作能持续获取收益，系统快速识别处理未授权的转载、盗用等行为以保护创作者版权，激励创作者持续创作优质内容。

由此可见，通过合理设置智能合约能将价值分配模式从以流量为主向兼顾优质内容转变。在设置智能合约规则时，不再单一按照点击量计算和分配收益，而是综合考虑内容篇幅、有效的互动评论、内容类别等变量做加权计算，使收益分配偏向于优质内容。例如，当其他条件相同时，知识类内容比生活类内容收益高、长视频比短视频收益高、真实评价多的内容比互动不活跃的内容收益高等。

(三) 以区块链加强媒体平台内容自律

当前，新媒体平台之间相互隔离，内容审查缺乏协同，为虚假内容和问题作者提供了可乘之机。例如，一条内容在某平台无法通过审查，在另一个平台却可以发布；一个创作者账号被某平台注销或处罚，换一个账号和平台复出的情况屡见不鲜。利用区块链技术，构建包括众多新媒体平台和监管机构的联盟链，平台之间可以共享不良内容审查结果以及创作者信用等信息，这种协同能够减少资源浪费、大幅提升治理效率。具体设想场景如下：基于区块链多方共识、账本共享的特性构建新媒体联盟链，链上某平台定位的问题内容并打上标签后向链上所有节点广播，其他平台接收广播后对已发布的相同或类似内容进行筛选重审，使各平台自我监管能力大为提升；或者基于新媒体联盟链构建创作者信用评定机制，当审核出不当内容后，创作者将被打上标签或者扣除相应信用分值，联盟内平台共享创作者信用信息，及时对失信创作者执行相应措施，避免不良内容换个平台、换个“马甲”继续传播。

第三节　算法社会公共领域的风险生发与规避之思

随着社会媒介化程度的不断加深，人类的生产生活与社会交往在智能技术的高度赋权下呈现出新的特征，特别是算法作为一种新型决策机制已与现实深度互嵌，重构了信息传播生态的底层运行逻辑，成为我们感知、理解多元意义世界的重要桥梁。有学者指出，算法环境俨然成为与自然环境、社会环境具有同等意义的人类生产生活新空间，并可能推动人类社会进入算法社会的新阶段①。算法社会不能等同于"有算法"的社会，而是强调数字技术嵌入人类社会并与之相互影响的新体系，主要体现为算法逻辑支配下的社会交往、社会秩序乃至公共文化生活的权力关系转移。但又囿于算法设计主体的主观能动性，这种权力关系转移的过程难以规避社会资本、商业利益以及价值观的影响，使其呈现出"决策过程客观、决策意图主观"的双面特质，从而将算法社会中的人、事、物置于"被操控"的风险之中，这在公共领域信息传播营造出的拟态环境中格外凸显，并引发学术界的关注与思考。

本节从政策规制、人机协同以及算法设计理念的角度入手，探索分析算法社会规避公共领域风险的治理路径，以期为现实问题的解决提供可借鉴的思路。

一、风险生发：算法引发的公共领域结构性失衡

公共领域是一个历史性概念，哈贝马斯在其《公共领域的结构转型》一书中将早期公共领域描述为资产阶级"阅读群体"的公共空间，它是公众了解社会公共事务、表达意见的场域，是公众进行理性辩论批判和形成舆论并以此影响权力机构的中间地带②。随着国家社会现代化文明的演进，早期的以文化批判为特征、由受过教育的市民组成的文学公共领域已然向以大众传媒和大众文化为主导的公共领域转型，并在智能媒体技术赋权下呈现出低门槛、去中心化和强交互性的场域特点，客观上为社会各阶层受众的信息获取、平等参与、自由讨论、形成议题和舆论监督创造了条件，提升了公共参与性和公共实践性。人们沉浸于算法"投喂"的快感及其营造出的看似"平权"的信息环境中，不再由个人经验上升到一般判断，而是从算法带来的"二手非经验"中汲取对社会现象的

① 邱泽奇. 技术化社会治理的异步困境[J]. 社会发展研究，2018，5(4)：2－26，242.
② 哈贝马斯. 公共领域的结构转型[M]. 曹卫东，王晓珏，刘北城，等译. 上海：学林出版社，1999.

便利理解，逐渐丧失了理性、客观、思辨的深度思考能力。智能推荐技术伴生而来的“过滤泡”和“信息茧房”也将群体认知固化甚至极化，科学理性和社会理性在情感化、集群化的技术推动和传播策略中被不断消解，从根本上动摇了网络公共领域赖以存在的基石，使其公共性面临事实与规范的背离[①]，并引发网络公共领域的结构性失衡。

（一）“主体异化”的生产传播弱化公共领域的公众参与

“异化”是马克思主义哲学发展史上的一个关键概念。在《1844年经济学哲学手稿》中，马克思从“类本质”的角度考察了“异化劳动”，并对资本主义“异化”进行了批判。在马克思看来，“异化”即主体活动及其产物脱离和否定主体自身，并作为一种异己的力量与主体处于对抗性关系之中，以扭曲或否定的方式来呈现人的本质[②]。在当下的信息生产传播中，算法已渗透到内容生产、审核和传播的各个环节之中，逐步以算法逻辑取代了“人”的逻辑，这虽然提升了信息生产传播的整体效率，但也直接导致了信息传播的各个环节的“主体异化”，间接造成公众主体性的弱化——特别是在公众感知、理性批判及自主选择权方面，技术对人主体性的取代加剧了公共领域理性基础的瓦解。

从内容生产者的角度看，信息内容生产主体不再局限于机构媒体、自媒体及普通公众，智能机器人也成为内容信息生产的主体，如北京字节跳动科技有限公司研发的xiaomingbot、OpenAI研发的ChatGPT聊天机器人程序等，后者甚至可以通过模型训练实现对人类语言的理解与交流对话，并完成视频脚本、文案等高阶信息内容文本。但我们需要认识到，机器写作看似愈发“人性化”的进阶表象背后仍是算法、算力与数据的勾连，其内容的价值理性呈现与算法设计和语料库是高度关联的。换言之，并非机器人能够进行思辨创作，而是通过大量模型训练的智能机器人对数据库的调用更符合人类理解和接受的逻辑，如果语料库或数据库遭到污染抑或高度趋同，智能机器人的内容生产依然无法实现人文性和思想性的提升，甚至还会因为表述风格的拟人化造成主体误读，间接将更多真实的公众观点排除在网络公共领域之外，造成理性交流的主体性弱化。

从内容审核者的角度看，算法逐渐取代传统“把关人”的角色，成为内容分发的决策者和操控者。随着商业平台型媒体的崛起，资本运用对算法的技术控制，企图形成有利

① 许鑫.媒介公共性与公共领域研究：议题、进路与出路——基于文献回顾和研究现状的反思[J].深圳大学学报(人文社会科学版)，2014，31(3)：141-148.

② 孔明安，刘婵婵.从“异化劳动”到“拜物教”批判的内在逻辑——兼及马克思异化理论的重新审视[J].厦门大学学报(哲学社会科学版)，2023，73(3)：21-28.

于自身利益的信息供需流动新秩序——原有的“选择机制”变为了“选择分配机制”，且对于通过的信息分配何种程度的媒介资源成为重点①。在此前提下，迎合受众的个性化、同质化、娱乐化信息更易于获得分配权重，形成“信息漫灌”，大大挤占了涉及公共利益与公共价值的信息传播空间与影响力。由此可见，算法把关看似扩大了公众参与公共领域的信息资源，增加了信息推荐的精准度，实则在商业逻辑的支配下将不具备公共价值的私人话题、煽动性信息推送至公共领域，剥夺了公众的信息选择与获取权，蚕食着公众珍贵的注意力资源和理性认知，造成公众公共生活参与的主体乏力。

（二）“流量至上”的运营逻辑加剧公共领域的价值理性迷失

算法作为新型生产力要素，其设计及运行过程中呈现出多主体参与的特征，也相应体现出不同的利益取向。当前，由于商业平台媒体的盈利点在于以访问量和手机移动数据为代表的“流量”及其背后的商业利润，资本逐利性决定了“流量至上”的运营逻辑已成为多数互联网信息企业毋庸言说的潜在规则，并围绕这一目标建构起包含点击率、播放量、转发量、弹幕数、点赞量、评论量等流量指标的综合评价体系，实质上是以“算法＋数据”的纯粹技术逻辑对内容质量进行评判，而忽略了价值性、道德性和公共性维度的判断。甚至可以说，智能算法推荐的评价标准与公共领域应有的价值评判标准存在天然的背道而驰——在全民娱乐化、碎片化的传播环境中，注重高价值、低消遣的目标公众数量要远远小于注重低价值、高消遣的公众数量，“流量至上”的运营逻辑注定要付出公共价值性让渡的代价。被认为是当代交往资本主义的 Facebook、Google 等公司，其主要采用的控制手段也不是内容控制而是流量控制，信息的使用价值被流量的交换价值所吞噬②。这与哈贝马斯对 19 世纪早期小报的批判有着异曲同工之处：“为了取得最大销量，报纸不惜以牺牲内容为代价，严肃内容让位于娱乐内容——比如取消有关道德话题的政治新闻和政治社论。”③对于严肃性和价值性的让渡构成了公众价值理性迷失的第一层意涵。

公众价值理性迷失的第二层意涵在于价值认知的对冲错位。相较于市场化媒体“商业-技术”逻辑的流量输出，主流媒体也力图通过算法实现“调整-控制”逻辑④，强化公共信息的传播以对公域价值理性及时规正。但随着整个媒体生态的变革，特别是移

① 刘志杰. 算法把关失灵与编辑价值重塑[J]. 中国编辑，2020(5)：18－22.
② 胡泳，年欣. 自由与驯化：流量、算法与资本控制下的短视频创作[J]. 社会科学战线，2022(6)：144－165，282.
③ 哈贝马斯. 公共领域的结构转型[M]. 曹卫东，王晓珏，刘北城，等译. 上海：学林出版社，1999.
④ 叶妮. 虚实共生：数据驱动时代的算法主体性、中介关系与治理逻辑[J]. 编辑之友，2023 (5)：59－65.

动客户端传播的趋同化，大部分公众对于“主流媒体”和“商业媒体”的辨别并非那么泾渭分明，信源差异化传递造成公众认知与价值观的对冲错位，直接体现为公共舆论场的纷争与博弈，算法设计的标准差异间接诱发公众的理性迷失与群体极化。

（三）“信息茧房”的固化与沉浸消解公共领域的公共性

“信息茧房”是桑斯坦对受众长期选择与自我兴趣和倾向相符的信息所造成的相对封闭的传播环境的形象比喻①。在算法社会，“信息茧房”对个人化议题的关注进一步造成公众之间、公众与公共事务之间的隔绝与背离，影响了社会传播场域公共性的形成与发挥。汉娜·阿伦特认为，公共性构成了公共领域的核心，并表现为公开展现性和差异共在性，它意味着某些共同的、共通的价值或规范②。一方面，算法“黑箱”遮蔽了内在推荐机制的运行机理，大量有价值的公共信息湮没在“信息茧房”之外而得不到有效呈现，使得公共信息的公开展现性无法确保；另一方面，处于“信息茧房”内公众的信息趋同和认知固化，使得个体难以客观理性地审视自身和评判他人，不同群体之间对待公共事务的观点和态度差距愈发拉大，且在情感情绪的煽动影响下形成不理性的观点碰撞与表达，观点弱势的群体在网络环境中逐渐失声，差异共在性在网络公共领域中亦被消解。公共性的丧失将导致私域的泯灭和公域的衰落，动摇公众参与公共讨论、达成共识的观念基础，这也成为当代一切社会问题特别是极权主义盛行的社会根源。

此外，“信息茧房”造就的高度沉浸感也间接抽离了公共交往的可能性和必要性。在传统公共领域，由于信息相对较为匮乏，公共交往是获取信息、表达观点、塑造共识、融入群体的重要途径。而在智能传播时代，信息匮乏的状态已变为信息过载，注意力成为相对匮乏且极难扩充的资源类型，也成为各大算法企业争夺的重点。为了保有注意力资源的数量与黏度，商业主体甚至会利用算法营造出高度沉浸的“茧房”环境，并不断加固“茧壁”厚度，以获取经济效益。由此，公众沉浸于个人私域，享受符合兴趣偏好的信息快感，逐渐丧失对公域的关注与参与，公共性进一步被消解稀释。

二、风险规避：面向算法的公共领域治理路径

算法的技术逻辑引发公共领域的结构性失衡，并因主体异化、价值理性迷失以及公共性缺失引发系统性风险，亟须有效的防范及治理措施进行及时纠偏。在前算法时代，

---

① 严三九，邹阳阳. 强化编辑把关 改善公共信息传播效果[J]. 中国编辑，2022(4)：4－8.

② 张跣. 公共性、对话与阐释[J]. 东南学术，2023(3)：94－105，247.

媒体治理主要是对“人”的行为进行规范。而在后算法时代，“人”在传播环节中的位置后移，“算法”成为内容信息和公众间的新中介，登上前台成为传播的赋能者和塑造者①。在此前提下，我们有必要思考如何有效规范算法及重塑标准，以达到平衡工具理性和价值理性、回归人的主体性和网络公共领域公共性的目的。

(一) 遵循算法政策规制，实现工具理性和价值理性的平衡

政策规制是面向算法治理路径的制度保障。2021 年 10 月，国家市场监督管理总局公布了《互联网平台落实主体责任指南(征求意见稿)》，明确提出平台企业应落实算法主体责任；2022 年 3 月 1 日实施的《互联网信息服务算法推荐管理规定》亦明确规定了算法推荐服务提供者的算法安全主体责任，说明国内对生成式人工智能的算法治理主要基于主体的治理范式②，需要政府主管部门、商业平台媒体及新闻机构等算法关涉主体共同参与，协同完善算法监管评估机制和落实问责制，推进算法的工具理性和媒体的价值理性有机融合。

首先，应进一步完善算法的监管审查机制。以新闻主管部门或第三方机构为主导，不断完善对平台算法的监管机制，加强对算法风险评估、数据真实性等方面的审查。监管审查的指标应包括算法准确性、透明性、公正性等。在准确性监管方面，对数据的真实性进行核查，并使用全面、可靠的数据进行算法训练。在透明性监管方面，努力寻求平台媒体告知义务与商业机密的平衡点，按时合规地向主管部门报备监管数据，并以向社会公开参数、存档数据等不同形式，使算法决策过程适度可见，以规避算法“黑箱”带来的透明性遮蔽。在公正性监管方面，应进一步优化信息可见性及资源平衡性，通过对算法的人工干预确保具有公共价值的信息内容获得足够的权重进行推送与呈现，并通过关键词验证等方式对存在歧视与偏见隐患的内容信息进行预筛查，发挥算法在高效率性与用户覆盖方面的工具理性优势，规避流量逻辑对价值理性的消解。

其次，应进一步完善落实算法问责制。算法问责是指为数据应用和服务过程中受到不公平待遇的用户提供问责路径，重点通过对算法技术团队算法设计的流程、动机、应用场景进行审计，对算法团队的利益相关者进行采访，进而发现潜在的算法歧视现象③。从这个角度分析，对于算法决策的问责呈现为一种特定的、多主体参与和互动的社会关系，其形成的焦点在于公共理性的达成，这与网络公共场域的价值回归天然

---

① 喻国明，耿晓梦．算法即媒介：算法范式对媒介逻辑的重构[J]．编辑之友，2020(7)：45－51．
② 张欣．生成式人工智能的算法治理挑战与治理型监管[J]．现代法学，2023，45(3)：108－123．
③ 窦悦．数据开放共享与个人隐私保护对策研究——层次数据与算法问责[J]．现代情报，2021，41(7)：146－153．

关联。具体来讲，一方面，需要确保决策者能够根据所有理性人都可接受的认知和规范标准来解释其系统的输出，从而限制算法决策的权力；另一方面，也应当探索构建一套凸显“算法正义”的法律问责框架，实现算法决策“事前规制”与“事后问责”的治理闭环。

（二）完善算法人机协同生产，呼唤公众的主体性回归

首先，应当加强对算法生成内容层面的人工干预，对算法决策结果进行适当修正、调整和优化，以保证内容信息的准确性和可信度，并合乎社会伦理和价值规范。例如，增加算法对优质账号以及官方权威账号的推送权重，对具有较高公共价值的信息进行常态化展示；对时政类、文史哲类严肃内容加权，对搞笑类、调侃类等娱乐内容适度降权；对有思想深度的长视频、长文章加权，对短而空、同质化的视频适度降权等。以推荐权重的调整激发公众对优质内容创作的积极性，从而跳出流量焦虑对内容生产施加的结构性压力，实现公众的主体性在创作领域的回归，发挥新兴媒介内容对价值理性和公共性的社会建构功能。

其次，注重发挥算法社会内容创作的主体能动性，构建公共价值取向的行动者网络，实现多元主体的协同配合。“协同”思想产生于系统科学，“协同”是系统各个部分之间的相互协作，使整个系统形成微观个体层次所不存在的新的结构和特征①。算法社会内容生产网络的协同主要是指系统中的成员主体通过“自组织系统”构建通约价值网络，使得主体与算法在为整体作出贡献与获得自身成长之间寻得平衡点，这在一定程度上也是工具理性与价值理性相结合的体现。在具体实施上，一方面，算法平台的内容管理者应牵头建设内部协同的“职责共识网络”，并将技术管理者和运营管理者纳入其中，共同实现内容标准的算法化以及激励措施的合理化；另一方面，算法平台外部的内容创作者也应协同建立“规律共识网络”，对不同流量水平的创作者及行为方式进行驯化和收编，使有公共价值的内容生产策略成为大多数内容创作者的共识性偏向②。

完善算法与人的协同生产，促进公众主体性回归的核心在于人机关系的慎思与重塑。不管是何种算法，其核心都应聚焦于服务人，而不是驾驭人。只有正确处理信息内容的注意力数据与价值共识的关系，才能改善算法技术逻辑对公众主体性的操控与侵蚀，将算法蕴含的社会效益放大且合理变现，并最终外化为公共领域的治理效能，形成

---

① 张微，彭兰. 示能、转译与黑箱：智能机器如何颠覆与再建内容生产网络[J]. 新闻与写作，2022(12)：75－85.

② 胡泳，年欣. 自由与驯化：流量、算法与资本控制下的短视频创作[J]. 社会科学战线，2022(6)：144－165,282.

协同发起、协同感知和协同创造的驱动力，为构建网络传播有序化的媒介共同体提供可能[①]。

（三）优化算法设计理念，重塑公共领域的公共性

如前所述，智能推荐算法引发的“信息茧房”造成公众的认知固化，商业逻辑下的推荐机制也伴随着内容中空、价值中空等问题，公共信息的边缘化、公共话语的割裂化以及公共交往的抽离化都使得算法社会的公共性被消解稀释。为解决此类问题，可从参与式算法设计理念及介入式算法干预进行有效平衡。

参与式算法设计理念旨在谋求改变当前算法设计中技术逻辑与商业逻辑主导的态势，将其转变为社会主导或公共价值主导[②]。这就是说，在处理算法公共性异化风险方面，应当将治理重点转向算法开发的设计前端，从源头上予以防范，以应对算法作为主体产生的“非预期后果”。参与式算法设计主张将更广泛的主体引入算法自动化决策的过程中。传统的算法设计强调“人在回路中”的设计思路，其主体大多局限于精通算法技术或计算机技术的专家，而极少涉及其他主体。相较而言，参与式算法设计更强调“社会在回路中”，将政府、社会组织、人文社会科学学者乃至普通公众在内的算法利益主体共同囊括进协商范畴，立足自身角度完善对算法设计的建构，并以达成算法“社会契约”的方式奠定算法运行的价值基础。由此，所有算法关涉主体的算法认知、算法想象、算法体验及算法情境需求得到综合考量，并为投入运行后的算法监管提供重要依据，助力公共领域公共性的实质性提升。在此方面，国外已开始进行有关实践，例如，欧盟设置在线论坛收集公众对人工智能算法设计的意见与反馈，为欧盟人工智能专家委员会的决策提供参考；美国麻省理工学院媒体实验室、世界经济论坛等多个机构倡导者共同发起设立了“开放算法”(Open Algorithms)工程项目，增强算法设计中的公民主体参与，以更好地提升算法的公共价值[③]。

介入式算法干预主要是指在了解算法运行逻辑的基础上，通过人的行为对算法偏见进行干预式纠正与平衡。一方面，可以引入发布者“资格准入”机制，仅允许经过平台认证的、具有新闻/资讯发布资质的主体（如具有新闻采编权的媒体组织，政府、企业的官方发

① 叶妮. 虚实共生：数据驱动时代的算法主体性、中介关系与治理逻辑[J]. 编辑之友，2023 (5)：59－65.

② 张海柱. 算法治理中的算法公共性及其实现[J]. 自然辩证法通讯，2023，45(6)：18－27.

③ Lepri B, Oliver N, Letouzé E F, et al. Fair, transparent, and accountable algorithmic decision-making processes: the premise, the proposed solutions, and the open challenges[J]. Philosophy & Technology, 2017, 31(3): 1－17.

布部门等）发布权威公共信息，并进行置顶提示和全用户推送。另一方面，应加强公民智媒素养的涵化培训，以最广大公众均能理解的方式推广算法“投喂”的作用机理，给出“训练算法”的方式方法，帮助公众“破茧”，获得进入公域空间的通道，参与公共事务的讨论。

乌尔里希·贝克在其论著中提到：“在现代化进程中出现的自主化，也并不必然会别无选择地走向失范的单行道。”[①]这对算法社会公共领域的风险防范依然适用。我们必须承认，算法重构了我们的公共生活与交往，为我们提供了便利性、高效性的同时，也产生了新的问题，但人类社会的演化不是一向如此吗？真正的前进难有坦途，重要的是在这个过程中不断进行自我进化与调试。本节通过对算法社会公共领域的风险、成因进行分析阐述，试图探索一条围绕算法展开的治理路径，以平衡工具理性与价值理性，呼吁人的主体性回归及社会公共性的重塑，以期为当下的现实问题提供可借鉴的解决思路。

第四节　本章小结

作为公共性媒介，新媒体在构建网络公共领域方面责无旁贷。如前文所述，新媒体传播采用算法推荐的技术路线，在构建网络公共领域时其建设性和破坏性并存。我们必须警惕流量至上的算法偏向、算法权力异化下的算法操控等给网络公共领域带来的破坏性影响。通过强化主体对价值理性的主导、平衡算法的工具理性和价值理性、构建公域与私域的区隔等治理途径，能够在一定程度上恢复媒体平台、公众在新媒体传播中的主体性地位，修复算法驱动的新媒体传播价值理性缺陷，避免公共性的缺失，实现网络公共领域健康发展。要实现对新媒体公共领域的全面综合治理，还需要从新闻专业主义、公众媒介素养、传播伦理、法治建设等方面进行深入研究。

区块链去中心化、防篡改、防删除和流程透明的技术特性，加上其独特的多方共识、智能合约、加密保障机制，决定了它对新媒体传播的时间偏向和价值偏向能发挥一定的平衡作用，从而为新媒体传播提供了全新技术治理手段的可能性。但这并不意味着区块链技术提供的解决方案是一劳永逸的。新媒体传播治理是一项宏大的综合工程，除了解决新媒介传播偏向的问题，还需协调来自媒体、受众、自媒体和广告商等多方的利益冲突，解决好各治理机构协同配合的问题。随着区块链技术的日趋成熟和区块链技术方案的进一步优化，区块链在新媒体治理中必将会有更广阔的应用前景。

---

① 乌尔里希·贝克.风险社会：新的现代性之路[M].张文杰，何博闻，译.南京：译林出版社，2018：296.

第七章

结　语

本书首次探索性地将营销学价值共创理论审慎地应用到媒体与消费者价值共创研究中，建立了媒体与消费者价值共创框架模型，探讨了媒体与消费者作为价值共创主体参与价值共创活动的逻辑、动机、特点、角色及功能；并探讨了媒体与消费者价值共创的实现路径，即内容生产路径、内容分发营销路径、内容开发创新路径等，分析了媒体与消费者在各路径的互动合作；最后还对价值共创中发挥重要作用的平台和通信网络进行了探讨。

第一节　研究结论

媒体与消费者价值共创是媒体价值创造方式的重大变革。本书关于媒体与消费者价值共创研究问题的提出和研究结论的形成，不仅来源于对媒体融合相关文献的收集、整理，还来源于实地考察、访谈获得的第一手资料，以及对媒体融合理论和价值共创理论思想的综合运用，它们是所有客观分析总结和观点提炼的重要前提和基础。

本书针对需要研究的价值共创问题，以媒体融合为研究切入点，在关于媒体融合大背景下媒体与消费者价值共创的研究中，我们发现，互联网技术的演进、新兴媒体的发展、传媒产业所处的特殊环境共同塑造了媒体融合的大格局。媒体颇具特色的创新推动了媒体融合向纵深方向快速演进，并驱动了媒体生产经营方式和价值创造方式的转变。近年来涌现的媒体与消费者价值共创就是国内外传媒环境孕育出的新生事物，它是媒体生产经验方式和价值创造方式变革具体而微的表征。作为一种典型的B2C价值创造模式，媒体与消费者基于互动合作的价值共创正在颠覆性地改变着媒体传统生产传播方式和价值创造方式，凸显了消费者对于媒体数字化生存和发展的价值。

本书重点围绕媒体与消费者价值共创主体、媒体与消费者价值共创的路径以及支撑媒体与消费者价值共创的平台和通信网络等方面研究媒体融合中的媒体与消费者价值共创。具体研究结论包括以下几个方面。

一、媒体融合研究

研究认为，媒体与消费者是价值共创中两个重要的价值创造主体。两者担负的角色不同，功能定位也不同，其角色功能具有互补性。媒体与消费者对对方的价值共创行为有所预期，也在彼此互动中有意识地调整自己的行为以适应对方。媒体与消费者在频繁互动合作和彼此调适中，实现资源整合，进而共创价值——不仅为媒体创造价值，也为消费者创造价值。

具体来说，媒体作为价值共创主体的主要功能是内容生产、发布营销、创新与开发媒介信息内容产品、提供内容服务、协调和管理媒体组织事务、对媒体价值主张和战略作出决策和执行决策、组织和协调与消费者的互动合作、为消费者提供咨询、监测分析消费者的媒介使用行为、为消费者提供信息反馈和解决方案等，因而是媒体价值最重要的创造者。

消费者作为价值共创主体的功能是配合媒体开展生产经营各项事务，像媒体的“兼职员工”一样，参与媒体组织的内容生产、内容分发营销、内容开发创新等生产经营活动，是媒介信息内容与服务的主要使用者和体验者。具体来说，他们给媒体提供重要的新闻信息来源，针对信息内容和服务提出诉求，对媒体提供的内容和服务质量给予监督、评价。他们协助媒体进行内容生产、内容分发营销、内容开发创新，还会为媒体贡献自己的创意作品和解决方案，因而也成为媒体价值的重要创造者。当然，消费者在为媒体创造价值的同时，也会获得相应的酬劳、成就感、群体归属感、社会影响力等。消费者也为自己创造经济价值和社会价值。

媒体与消费者价值共创有其特定的逻辑和动机。关于媒体与消费者价值共创的逻辑，研究认为，随着“互联网＋”经济时代的到来，有四个核心逻辑在媒体与消费者价值共创中起着举足轻重的作用，即关系逻辑、资本逻辑、生产逻辑和技术逻辑。其一，媒体与消费者价值共创的关系逻辑是指媒体与消费者的关系很重要。从某种意义上说，媒体若想寻找商机，赢得市场，就要赢得消费者。其二，媒体与消费者价值共创的资本逻辑重在说明用户资源可以成为媒体庞大且有价值的资本。互联网络环境下媒介平台中的消费者异常活跃，他们释放出的巨大价值创造潜能可以为媒体所用。媒体要创造、实现、提升价值，获取更大的生存发展空间，就越来越需要倚重消费者这个资源或资本。其三，媒体与消费者价值共创的生产逻辑是指生产经营服务须以满足消费者的需求和改善消费体验为出发点。其四，媒体与消费者价值共创的技术逻辑是指新技术的应用是实现媒体与消费者价值共创的重要工具和手段。技术条件直接影响价值共创的效果。围绕媒体与消费者价值共创，媒体要做好与消费者有关的四件事：一是要想方设法创造条件和环境与尽可能多的消费者互动，以便建立和发展强关系；二是加强互动合作，充分利用消费者的资源壮大媒体发展资本；三是生产和提供与消费者需求相契合的信息内容产品和服务；四是加强新技术的研发和应用，优化媒体与消费者互动合作的平台环境。

关于消费者与媒体价值共创的动机，本书认为，获取独特的信息内容消费体验、实现人际交往和社会交往、体现和提升个人价值是消费者与媒体价值共创的四个主要动机。获取信息或资讯是传统媒体时代和新媒体时代的消费者的基本需求，但是相较于传统媒体时代的消费者，新媒体时代的消费者在信息资讯的获取方式、对媒介感知和信息内容的选择以及信息资讯的反馈上，有更多自我的、个性化的需求。例如，要求信息内容多媒体、智能化、可视化以及具有现场感的呈现，内容界面人性化、个性化，具有即时交互性。消费者通过与媒体价值共创，近距离感知这些需求的实现，获取独特的信息内容消费体验。媒体日常生产的信息内容是对社会和大众方方面面现实生活的高度浓缩反映。这注定了媒体组织的所有生产经营活动极具人际性和社会性。消费者基于各种数字的或非数字的媒介平台，参与媒体生产经营活动，与媒体互动合作价值共创也是消费者实现人际交往和社会交往的重要方式。在与媒体互动合作价值共创中，消费者借助各媒介平台将个人的知识、经验外化并与外界分享，在他人的奖励、认可或尊重中其个人价值得以体现。同时，通过接收、学习他人分享的知识、经验，可以将其内化为自己的能力，促进个人专长的进步、社会影响力或知名度的提高等，使个人的价值得以提升。

二、媒体与消费者价值共创研究

研究发现，媒体与消费者通过三个路径，即内容生产路径、内容分发营销路径、内容开发创新路径实现价值共创。这三个路径也是媒体产业价值链上的三个重要环节。媒体与消费者在内容生产路径上的价值共创过程，是价值形成的过程。媒体与消费者在内容分发营销路径上的价值共创过程，是价值实现的过程。媒体与消费者在内容开发创新路径上的价值共创过程，则是价值提升的过程。由于媒体与消费者三个不同路径的价值共创的目标任务不同，因此要在媒体、消费者每一个具体价值共创路径上进一步细化媒体、消费者的角色，对两者作出更明确、更具体的角色功能定位。根据具体的角色功能定位，媒体与消费者各自投入相应的资源，基于彼此间的互动合作和资源整合，进而实现价值共创。研究认为，媒体与消费者在不同路径上价值共创至少应具备以下前提和基础。其一，在内容生产、内容分发营销、内容开发创新三个路径形成的三大价值共创圈层内部，媒体与消费者首先作为价值创造个体而存在，在形成价值、实现价值和提升价值方面具有独立性、自主性和自创性。其二，彼此资源具有异质性。其三，媒体能给消费者提供良好的互动合作条件和环境。其四，消费者有与媒体互动合作的意愿。研究分析还表明，媒体与消费者在不同路径上的价值共创，彼此之间存在联动共振效应。媒体与消费者在其中一个路径上的价值共创的效果往往会连带影响在其他两个路径上的价值共创效果。因此，在与消费者互动合作过程中，媒体一定要帮助消费者培养和积累良好的消费体验，以便消费者与媒体保持连贯、持续的合作互动，实现价值最大化。

三、媒体与消费者价值共创平台与通信网络研究

一些代表性媒体，如新华社、《纽约时报》、《华盛顿邮报》自主研发的开放平台、第三方开放平台、媒体组建的线上社区线下社区等这些类型的平台如同桥梁和通道一样，对媒体与消费者价值共创起到了强力支撑作用。这些媒体创建不同类型平台，并持续做好平台运营，让消费者获得好的平台使用体验，从而使他们愿意参与互动合作，共创价值。平台的硬件环境和条件的创建比较容易实现，但是对于平台运营来说除了技术因素外，人为因素同样也起着很重要的作用，有时后者的作用更大。媒体对交互平台的重视和投入程度、人文氛围的营造、规约制度的颁布执行等反映了这些媒体在价值共创中的强主观能动性和执行力。媒体建设和提供的较为便捷、安全、高效、稳定而有序的交互平台为媒体与消费者价值共创提供了有力的支撑。

通信网络与媒体跨界融合为媒体与消费者价值共创赋能。通信运营企业在作为网络运营商提供支撑媒体与消费者价值共创所需的优质网络渠道的同时，还作为优质内容服务商，扮演部分媒体的角色，围绕内容生产、分发营销、开发创新，实现与媒体、消费

者三方相互的融合。在此基础上，三方互动合作，进而共创价值。通信网络支撑、参与媒体与消费者的价值共创，为创新商业模式提供了更多可能。

探究媒体与消费者价值共创除了要考虑其必备的环境因素外，还十分有必要洞察媒体与消费者两大价值创造主体、价值共创的路径方式以及相应的平台运作环境和网络条件这些基本要素。其分别回答谁是价值共创主体、它们具备怎样的角色功能、它们具体在哪些路径可以合作互动共创价值、基于什么样的平台条件实现两者合作互动共创价值、基于什么样的通信网络环境实现合作互动价值共创等问题。这些是研究传媒领域价值共创的关键问题，也是价值共创实践必须面对的最核心的问题。在新的价值共创框架下，媒体需要转变生产经营理念，实现以媒体组织生产为中心向以消费服务为中心的转变，注重消费者体验的经营观念的转变以及生产传播关系和方式的转变。

四、媒体融合治理研究

在媒体融合过程中，广泛的消费者群体参与内容制作会带来内容低质化、虚假化问题，对内容供给体系形成负面影响，一定程度上对新媒体内容生态构成恶性循环；基于“流量至上”的算法推荐使消费者主体性大为降低，信息漫灌让消费者沉迷于被动灌输的信息海洋中；而抄袭、篡改等困扰新媒体传播的版权保护问题，以及 AIGC 等新技术发展带来的超越现有知识产权保护体系等一系列治理问题，都是媒体与消费者价值共创研究领域中的必答题。

本书提出以算法透明、回归新闻专业主义、构建区块链监管联盟等综合性治理方案，来破解“流量至上”算法推荐织就的“信息茧房”，还消费者以内容的自主权和选择权；重新把控内容的品质运营，提高品质内容的辨识度和价值度；构建区块链内容监管平台，维护作者版权，借助智能合约功能，实现优质内容的价值保障。

总而言之，媒体与消费者价值共创的实践充分体现了传媒价值创造方式的重大变革，即实现了传统媒体作为媒介内容信息生产主体单一创造价值转向以媒体与媒介消费者共同作为媒介内容信息生产主体，在内容生产、分发营销、开发创新环节共同创造价值。事实证明，在媒体商业价值、社会价值重构方面，媒体融合时代的媒体与消费者价值共创相较于传统的价值创造显示了无比的优越性和时效性。媒体与消费者价值共创还创建了新型的生产关系，促进了媒体与消费者的交互合作，并撬动了媒体与其他利益相关方的融合和价值共创。

第二节　未来研究设想

由于媒体与消费者价值共创的体系化研究还在起步阶段，该领域未来的研究前景非常广阔，笔者对未来的研究提出如下设想。

一、从广度和深度上开展与本课题相关的拓展性研究

当今，全球范围的媒体融合还在如火如荼地演进中。随着各国媒体融合发展不断走向深入，越来越多的创新和价值共创形态将在传媒业中不断涌现。事实上，价值共创的现象早已发生在媒体内部各部门的合作、跨媒体协作以及跨产业的战略合作过程中，只是媒体与消费者之间的价值共创在近年“共享经济”和“粉丝经济”盛行的时代表现得更为突出。围绕媒体内部各部门的合作、跨媒体协作以及跨产业的战略合作，媒体与消费者之间的价值共创有许多值得探讨的问题。传媒生产经营活动中的价值共创研究也应纳入传媒理论研究的范畴。

本书有关媒体组织机构的创新和价值共创研究，很有可能出现更多的研究维度和研究视点，值得我们继续从广度和深度上开展拓展性研究。例如，虚拟现实、人工智能技术在传媒产业中的创新应用研究、新技术应用下的新传媒伦理问题研究、国内外媒体融合中的价值共创对比研究等。又如，未来大传媒产业趋势下的媒体与其他组织的价值共创研究。有关价值共创的影响和效果研究也是值得继续深入的研究方向。

关于价值共创，还有很多亟待探讨的地方。首先是除媒体与消费者主体之外的其他价值创造主体的研究。其次是由于价值主体异质引申出来的其他问题的研究。例如，价值共创的逻辑、动机、内容和方式、平台存在哪些差异？哪些因素可以作为影响参数用来衡量不同类型的价值共创对媒体融合的影响？它们在多大程度上决定媒体未来竞争优势？这些都是亟待解决的问题。相关研究包括价值共创的动因研究、价值共创对媒体发展的影响研究、价值共创的效果研究等。随着媒体融合不断向纵深方向演进发展，媒体与消费者以及其他利益相关方的价值共创，或将成为未来媒体创新价值创造网络、打造媒体未来竞争优势的重要战略。

从价值共创的角度看媒体融合是一个比较新的研究方向，它对于丰富媒体融合的理论和指导未来媒体融合实践不无裨益，因此值得学界和业界作深入细致的探索研究。

二、在应用研究的基础上加强理论研究

除了加强应用研究外，关于媒体融合理论研究、媒体融合教育理论研究、传媒价值共创理论体系的构建研究、受众新媒介使用效果研究等这些理论研究也是很有意义的方向。相关文献分析和统计数据表明，目前国内有不少营销学和管理学学者从营销经济学的角度对价值共创做了一些理论研究分析工作。但在传播学和传媒经济学领域，观照媒体与消费者价值共创的理论研究较少。消费者参与媒体组织的内容生产、营销活动的价值共创现象已是传媒业中不断涌现的新事物，传媒学界非常有必要关注这些现象，从理论上将媒体与消费者的价值共创与媒体融合勾连起来，展开多方位深入的研究分析。

三、尝试新的研究方法

人文科学基于案例分析、实地考察和深度访谈的质化研究是行之有效的，但辅以量化方法会使研究更加科学、严谨。可以根据未来研究选题的特点，如有关价值共创的影响和效果研究、受众新媒介使用效果研究等，尝试使用量化方法或量化方法与质化方法相结合的研究方法。